Les Cisterciens

La plus grande aventure du monde

La plus grande aventure du monde est le titre d'un ouvrage de François Cali, avec des photographies de Lucien Hervé, paru en 1956 aux Éditions Arthaud. Il retrace l'aventure mystique de Cîteaux. Le titre est extrait de *La Quête du Graal* : « *Sire chevalier, il vous faut entrer dans ce château pour y tenter la plus grande aventure du monde.* »

Guy Mathelié-Guinlet

Les Cisterciens

La plus grande aventure du monde

Aubéron

Bohor et son écuyer allèrent tant qu'ils arrivèrent au bord d'une vallée perdue au fond de laquelle ils aperçurent un fort château bien entouré de fossés profonds et de bons murs épais. C'était le château aventureux... – Sire chevalier, il vous faut entrer dans ce château pour y tenter la plus grande aventure du monde.

La Quête du Graal

Tu désires voir, écoute,
l'audition est un degré de la vision

Saint Bernard de Clairvaux

Sommaire

Introduction

Qui étaient les moines de Cîteaux ? Des marginaux, un groupe d'hommes qui, dans les dernières années du XIe siècle, créèrent leur propre mode d'existence, à l'écart dans le désert, refusant énergiquement toute aide de voisinage, soumis à la règle des trois vœux de pauvreté, de chasteté et d'obéissance, auxquels ils ajoutèrent celui de stabilité. Conduits par leur chef de file, ces hommes fuient le monde, s'enfoncent dans une région humide, marécageuse, où poussent des roseaux : des « cistels ». Là, après des années d'avanies, des avancées et des reculs, surgit enfin, sous la direction de son abbé, le Nouveau Monastère, qui sera vivifié et trouvera son plein épanouissement grâce à un jeune seigneur du pays, entraînant avec lui une trentaine de ses parents et de ses amis.

L'Ordre était né, l'Ordre des Cistels, l'Ordre de Cîteaux, dont l'essor fut celui de la plus grande aventure du monde.

Voici son histoire.

I.

LES ORIGINES

Au XIe siècle, la règle bénédictine étendait sa loi sur tous les monastères de France.

Le besoin de vivre une existence en commun, vouée au service de Dieu, est aussi vieux que le monde. Dès les premiers âges de l'Église, des hommes et des femmes se groupèrent dans des communautés où, sous la houlette d'un chef spirituel auquel ils étaient soumis par l'obéissance, ils se consacraient à Dieu en observant des règles de pauvreté et de chasteté. En Orient, au IVe siècle, saint Pacôme avait ouvert la voie, fondé les premiers monastères, et donné à ses disciples une règle de vie cénobitique.

La règle de saint Basile (330-379) accentua ces dispositions en soulignant l'importance d'un travail régulier par les moines. De l'Orient, ce mode de vie passa en Occident et fut profondément marqué par saint Martin de Tours. Déjà, en Irlande, saint Colomban avait institué une règle originale et créé ses propres monastères. Les moines de saint Colomban passèrent sur le continent où ils diffusèrent la règle de leur fondateur.

Il faut arriver à saint Benoît (480-547) pour que la vie religieuse prenne toute sa signification et reçoive une règle. La Règle, dont l'usage, avec ses adaptations, subsiste encore aujourd'hui dans la plupart des monastères.

Benoît était le fils d'une noble famille romaine. Sa règle reflète à la fois les traditions de l'Antiquité dans ce qu'elles avaient de meilleur, et les novations que le christianisme apportait à celles-ci. La Règle est la traduction d'une synthèse et d'un équilibre entre les différents éléments de cette synthèse. C'est pourquoi elle fut, dès l'origine, accueillie avec faveur. Rejetant les outrances du monachisme oriental, elle était accessible à tous. Elle le reste encore de nos jours.

D'après la Règle, la communauté des religieux apparaissait comme une famille, avec, à sa tête, un père, l'abbé, à qui ses fils devaient obéissance, et qui leur imposait, sans contrainte, une règle de vie. Celle de saint Benoît s'attachait à tous les aspects de cette vie de famille, aussi bien sur le plan spirituel que sur le plan matériel. L'existence du moine se partageait en trois périodes : la prière, l'étude, le travail.

Ce mode de vie, dont les débuts furent modestes, subit peu de changements au cours des trois siècles qui suivirent la mort de saint Benoît. Il servit à former des centres monastiques qui, à l'époque de Charlemagne (742-814) furent le pivot de ce que l'on a appelé la Renaissance carolingienne. Avec le temps, s'élabora une nouvelle civilisation à laquelle les moines durent s'adapter. La Règle, qui façonnait une existence monastique sans excès et sans heurts, convenait moins au tempérament d'hommes nouveaux dont le chevalier intrépide et vigoureux était le modèle. Par la force de l'évolution, elle dut se transformer. La première manifestation de ce nouvel esprit fut la réforme de Benoît d'Aniane au IXe siècle. L'idéal humain étant l'homme d'armes courageux, le moine serait le guerrier de Dieu. Pour cela, tout en gardant la règle de saint Benoît comme base, il fallait revenir à l'imitation des Pères du désert, ces athlètes de Dieu. En 817, à l'initiative de Benoît d'Aniane, soutenu par l'empereur Louis le Pieux, furent promulgués par une assemblée générale d'abbés les *Capitula*, ensemble de règlements qui transformaient la façon de vivre des moines soumis à la règle bénédictine. Le monastère devenait un monde clos, coupé de l'extérieur, où le moine se consacrait exclusivement à la prière et à la pénitence. Alors que saint Benoît avait écrit une règle pour des gens de son temps qui voulaient vivre une vie de communauté, et qui ne

se considéraient pas comme des surhommes – une règle équilibrée dans laquelle le temps était harmonieusement partagé
entre la prière et le travail – le nouvel idéal monastique avait
la prière comme seule occupation.

La réforme de Benoît d'Aniane, imposée plus qu'acceptée
librement, ne survécut pas à son promoteur, et les décennies
suivant sa mort survenue en 821 furent une période troublée
pour l'idéal monastique. La fondation de Cluny, en 910,
amena un changement qui allait influer sur la vie monastique
pendant deux siècles. D'une part, Cluny fit une œuvre centra-
lisatrice en regroupant tous les monastères qui adoptaient sa
règle en une congrégation qui, dès le début, affirma son indépendance vis-à-vis du pouvoir séculier, en particulier celui
des évêques. D'autre part, elle imposa une unité de rite et de
discipline à toutes les maisons qui relevaient de sa juridiction.
Ce qui était en contradiction avec la règle originelle, d'après
laquelle chaque maison gardait son indépendance. L'abbé de
Cluny était le souverain de cette congrégation. Il était pratiquement le seul à porter le titre d'abbé, les maisons affiliées à
l'ordre n'étaient que des prieurés, et non des abbayes, dirigés
par un prieur. À l'apogée de l'Ordre, l'abbé de Cluny administrait mille trois cents monastères. On ne peut nier
l'influence de Cluny sur la civilisation de son époque, à la fois
sur les mœurs religieuses et sur la société civile. Cluny,
soumis uniquement au pape, et non pas au pouvoir temporel
des seigneurs ou du roi, releva le prestige de l'Église et fut un
élément régulateur entre pouvoir ecclésiastique et pouvoir
laïque. Son succès entraîna sa décadence. L'idéal monastique
de saint Benoît, fait de simplicité, d'humilité, de pratique du
travail, ne se retrouvait plus dans le mode de vie de Cluny. La
beauté de ses monuments, le luxe de ses célébrations liturgiques, son action dans le domaine politique étaient en
opposition flagrante avec les préceptes de la Règle et avec les
aspirations de la vie monastique. Les réactions contre cet état
de choses vinrent rapidement au cours du XIᵉ siècle, suscitées
par des religieux qui avaient pour idéal une vie érémitique
comme la menaient les premiers moines.

Saint Romuald, cluniste, abandonna son monastère de Ravenne pour fonder, avec quelques disciples, des ermitages dans la région de Camaldoli, donnant naissance à l'Ordre des Camaldules. Saint Jean-Gualbert passa des Bénédictins aux Camaldules, mais, insatisfait, créa son ordre propre à Vallombreuse, près de Florence pour y mener une vie contemplative d'où tout travail manuel était exclu. Saint Pierre Damien rédigea une règle basée sur celle de saint Benoît, mais qui n'était qu'une préparation à la vie érémitique pure. Il propagea ses idées et sa conception de la vie monastique par de nombreux écrits. Ceux-ci eurent une forte influence sur la société religieuse de l'époque, surtout lorsqu'il fut nommé cardinal et devint le conseiller intime des papes.

Toutes ces réformes se situaient en Italie. Ailleurs, la quête de l'idéal monastique était tout aussi forte. En France, Robert d'Arbrissel, prêtre marginal, fonda en 1099 le monastère de Fontevrault, monastère double de moines et de moniales, qui avait la particularité d'être dirigé par une abbesse. À Savigny, Vital de Mortain créa en 1105, un établissement où les moines menaient une vie à la fois contemplative et consacrée au travail de la terre, proche de celle de Cîteaux. Les deux congrégations fusionnèrent du reste plus tard.

Bruno de Cologne institua en 1084 un monastère d'un type particulier dans la région de la Chartreuse, près de Grenoble. La règle était celle de saint Benoît avec un mélange de vie érémitique et de vie cénobitique. Les moines vivaient chacun dans des unités d'habitation particulières et se retrouvaient ensemble dans la semaine pour des célébrations communes. Enfin la réforme d'Odon de Tournai, en 1094, est une de celles qui s'apparenta le plus à celle de Cîteaux.

Le XIᵉ siècle fut donc un temps d'intenses recherches pour une existence monastique qui se rapprochait le plus de celle codifiée par saint Benoît, mais qui mettait l'accent sur l'héroïcité de cette vie religieuse à une époque où le moine se voulait le soldat de Dieu et où l'enthousiasme était à son comble avec la préparation de la première croisade.

Tous ces essais eurent un résultat limité dans le temps, par le fait qu'ils n'attiraient qu'un petit nombre de vocations, la plupart étant découragées par ce genre de vie. Cîteaux, à cette époque, ne fut qu'un des nombreux monastères qui se lancèrent sur la voie des réformes. Son mérite et sa durée vinrent de l'équilibre que sa réforme sut établir harmonieusement entre la tradition et les idées nouvelles. Des concepteurs de génie – qui ne furent pas seulement des théoriciens, mais surent faire passer leurs idées dans la pratique courante –, créèrent un ensemble qui devait durer des siècles et dont les fruits sont encore visibles de nos jours.

Le visionnaire, Robert de Molesme

L'histoire de Cîteaux commence, non pas à Cîteaux, mais à Molesme, couvent fondé en 1075 en Bourgogne, non loin de Tonnerre.

Robert, issu d'une famille noble de Champagne, entra au monastère de Moutiers-la-Celle dont il devint vite prieur. Il fut ensuite nommé abbé de Saint-Michel de Tonnerre, d'obédience clunisienne, puis revint à Moutiers comme simple moine. En 1075, il quitte son monastère et, avec quelques compagnons arrive à Molesme que le seigneur du lieu leur a offert. Là, il fonde une maison qu'il place sous la règle bénédictine. Monastère rustique s'il en fut : les moines logeaient dans des huttes de branchages et fournissaient un travail pénible. Les débuts furent difficiles. Sous la direction de l'abbé, homme d'une grande sainteté, les religieux vivaient dans une extrême pauvreté et une extrême rigueur. Malgré cela, le succès du monastère fut rapide. Il suscita de nombreuses vocations. Petit à petit Molesme devint le centre d'une importante congrégation en y intégrant d'autres monastères et en recevant de riches donations. Si bien qu'au bout de vingt ans, l'abbaye se trouvait à la tête d'une soixantaine de maisons, réparties sous forme de prieurés dans dix-huit diocèses.

Ce succès eut son revers. Les premiers moines fondateurs se trouvèrent noyés dans la masse des nouveaux éléments. Le mode de vie qu'ils avaient choisi au départ se trouva profondément modifié. L'opposition qui se manifestait entre les deux groupes était avant tout la querelle – éternelle – des anciens contre les modernes. Les anciens voulaient conserver l'idéal cénobitique des origines. Les modernes voulaient calquer leur mode de vie sur celui de Cluny, alors au faîte de sa prospérité et de sa gloire. L'observance de Cluny était avant tout orientée vers la louange de Dieu, la *Laus divina*. Le travail manuel y tenait peu de place. L'abbé Robert, homme d'une éminente sainteté mais certainement piètre administrateur, ne put se faire au succès de Molesme. Il repartit à Aux pour fonder un nouvel ermitage. Mais les moines de Molesme le rappelèrent vers 1090. Robert, toujours insatisfait, à la recherche de plus de paix et de plus de pauvreté, trouva que Molesme ne comblait décidément pas ses aspirations. Il demanda à l'archevêque de Lyon, Hugues, la permission de fonder une nouvelle maison où pourrait être appliquée de façon plus stricte la règle de saint Benoît. Hugues, partisan de la réforme religieuse de Grégoire VII, donna son accord. C'est ainsi que, le 21 mars 1098, Robert et vingt et un de ses disciples s'installèrent sur une terre inhospitalière, marécageuse, couverte de roseaux (cistels), où ils édifièrent le « Nouveau Monastère », qui devint plus tard Cîteaux.

On a beaucoup discuté sur l'origine du mot Cîteaux (*cistercium*). Un historien récent affirme que le site se trouvait « juste avant la troisième borne (*cis tercium lapidem miliarium*) sur la voie romaine de Chalon-sur-Saône à Langres. L'étymologie la plus communément admise est celle de *cistels*, roseaux, et c'est certainement la plus poétique. Dans ce lieu, il y avait quelques terres cultivables, d'où les moines pourraient tirer leur subsistance. Elles leur avaient été données par le vicomte de Beaune, Rainard, vassal du duc de Bourgogne, Eudes. L'un et l'autre allaient se montrer les plus sûrs soutiens de l'entreprise.

Le *Petit Exorde* de Cîteaux relate que les moines « *firent une coupe dans la forêt et dégagèrent un espace dans l'épaisseur des fourrés d'épines, puis ils se mirent à édifier à l'endroit même un monastère* ». Le site choisi s'appelait La Forgeotte. Le bâtiment était modeste, en bois, ainsi que la petite église qui fut dédiée en 1098 et qui survécut jusqu'au XVIII⁰ siècle.

Mais les tribulations de Robert n'étaient pas achevées. Les moines de Molesme, à qui toutes ces péripéties avaient donné une fâcheuse réputation, demandèrent au pape Urbain II le retour de leur premier supérieur. Et Robert, une nouvelle fois, se vit contraint de réintégrer Molesme sur l'injonction même du pape à l'archevêque Hugues : « *Nous faisons savoir à Votre charité par la présente lettre qu'il nous serait agréable que cet abbé, si possible, soit ramené à la solitude de son monastère.* » Robert put ramener avec lui les moines qui désiraient le suivre, ainsi que le décida un synode réuni en 1099 à Pont-d'Anselle, non loin de Mâcon, par l'archevêque de Lyon : « *Nous avons laissé licence à tous les frères du Nouveau Monastère de retourner avec lui à Molesme, cela à condition que, à l'avenir, aucun des deux monastères ne se permette de solliciter ou de recevoir des moines d'un autre monastère connu.* »

Robert et quelques-uns de ses compagnons qui le désiraient rentrèrent donc à Molesme et le prieur Albéric prit la direction du Nouveau Monastère. C'est lui qui allait rédiger les *Instituta* fondamentaux qui furent la base de la réforme cistercienne. Le but était de retourner à la simplicité de la règle primitive de saint Benoît, en élaguant toutes les additions qui la dénaturaient. L'Ordre de Cluny avait modifié sinon l'esprit, tout au moins la lettre de la Règle au point qu'elle ne correspondait plus à l'idéal de son fondateur. Ainsi, pour ne citer qu'un exemple, les Clunistes soutenaient à juste raison que dans les régions du Nord où la température était rigoureuse, les moines devaient être chaudement vêtus. Mais pour eux, une chaude vêture ne consistait pas uniquement en vêtements d'un tissu plus épais et plus chaud ; ils l'interprétaient comme la possibilité de porter des fourrures et des vêtements fourrés luxueux, ce qui était à l'opposé de l'esprit de pauvreté de saint Benoît.

Il fallait donc revenir à la Règle première, avec davantage d'austérité, mais sans excès. Une liturgie plus épurée, des temps de prière essentiels, qui ne devaient pas occuper tout l'emploi du temps de la journée, et une part réservée non plus aux seuls travaux de l'esprit, mais aux travaux manuels.

Le Nouveau Monastère de Cîteaux, comme on commençait à le désigner, connut des difficultés sous l'abbatiat d'Albéric. Cependant le pape Pascal II le prit sous sa protection dans une lettre du 19 octobre 1100, *Privilegium Romanum*. C'était une étape importante. La nouvelle fondation avait à son origine reçu l'appui du duc de Bourgogne Eudes I. Quand celui-ci mourut en Terre Sainte en 1102, il avait auparavant demandé à être enterré à Cîteaux, officialisant en quelque sorte l'implantation du Nouveau Monastère dans la Bourgogne ducale. Celui-ci allait ainsi devenir la nécropole officielle des ducs.

Le fils d'Eudes, Hugues II, continua la protection de son père, et accrut ses faveurs et ses libéralités.

L'abbé Albéric mourut en 1109, après dix ans de direction du monastère. Son prédécesseur, Robert, qui devint saint Robert de Molesme, lui survécut deux ans et mourut à Molesme en 1111, à l'âge de quatre-vingt-trois ans. Il était revenu à la fondation de son âge mûr, mais il ne vécut pas assez longtemps pour voir le succès de Cîteaux.

Le fondateur, Étienne Harding

La réussite de Cîteaux n'est due ni à Robert de Molesme, ni à Albéric, mais au successeur de ce dernier, Étienne Harding.

La réputation de sainteté de Robert avait attiré à Molesme de nombreux visiteurs.

Parmi eux, Étienne Harding. Au retour d'un pèlerinage à Rome, il fut attiré par le mode de vie de Molesme. Il s'y fixa et il soutint les efforts de réforme de l'abbé Robert.

Si Robert, malgré ses insuffisances et ses velléités, avait la carrure d'un saint, Étienne Harding était une espèce de génie. Né vers 1059 en Angleterre, de souche anglo-saxonne et non pas normande, il fut éduqué dès son jeune âge au monastère de Sherborne. Plus tard, il vint faire des études à Paris puis il partit pour Rome où il décida de se faire moine. À Molesme, il fut séduit par la qualité de l'expérience entreprise par Robert et décida de se fixer dans ce monastère. Il se rendit vite compte des lacunes de la réforme. Sa formation de juriste acquise à Paris lui servit grandement et lui permit de remédier au manque d'esprit d'organisation de l'abbé Robert. Étienne Harding suivit Robert à Cîteaux. Prieur, puis abbé de ce monastère à la mort d'Albéric, il donna au Nouveau Monastère sa véritable structure spirituelle, juridique et administrative qui allait en faire l'Ordre par excellence, celui qui rénoverait la vie monastique en France et dans le monde.

Bien que nous ne disposions que de rares documents sur le personnage lui-même, le chroniqueur Guillaume de Malmesbury nous fournit des indications précieuses sur son comportement et sa gestion. Dans son ouvrage sur l'*Histoire des Rois d'Angleterre*, il écrit, à propos du nouvel abbé : « *Le choix est sans nul doute un signe du bon plaisir divin, choix de l'homme qui naguère avait été l'instigateur de toute entreprise et qui est l'honneur insigne de notre temps.* » Il le qualifie de « *trompette de Dieu* », conduisant « *par la parole et par l'exemple les frères réunis autour de lui* ».

En 1109 donc, à la mort d'Albéric, la communauté de Cîteaux existait, mais elle vivait dans le plus extrême dénuement. Cependant, elle ne manquait ni de persévérance ni d'espoir. L'espoir Étienne la soutenait et la guidait dans ses épreuves. La situation allait s'améliorer dans les années qui suivirent.

* *

*

Élisabeth, châtelaine de Vergy, fit don de plusieurs terres à l'abbaye proche de son domaine. D'autres seigneurs suivirent son exemple. La mise en valeur de ces terres indispensables pour la survie du monastère posait un problème d'organisation. Encore peu nombreux, les moines ne pouvaient faire face à la fois à la culture des biens et à la louange divine. Ils furent obligés d'engager des serviteurs laïcs. Le petit nombre de religieux – une dizaine – que possédait l'abbaye constituait aussi un handicap à son développement. Les vocations étaient clairsemées. La cause en était l'influence des monastères environnants qui freinaient l'entrée de novices à Cîteaux, par jalousie ou par crainte de voir leurs propres effectifs diminuer. L'austérité de la Règle y était aussi pour beaucoup. Le *Petit Exorde* notait déjà qu'au temps d'Albéric « *presque tous ceux qui voyaient l'austérité inaccoutumée et presque inouïe de leur vie, ou qui en entendaient parler, étaient plus pressés de s'éloigner d'eux de corps et de cœur que de s'approcher, et ils ne cessaient de douter de leur persévérance* ».

Malgré cela, Étienne Harding tint bon et vit ses efforts récompensés par la venue en 1111 de quelques novices.

Toutefois, le tournant dans l'avenir de Cîteaux et son succès décisif fut l'arrivée en 1113 d'un jeune homme, fils du seigneur de Fontaine-lès-Dijon qui, accompagné de trente parents et amis, vint frapper à la porte du Nouveau Monastère pour y faire profession. Il se prénommait Bernard. La personnalité de ce garçon de vingt et un ans allait modifier la vie de l'abbaye, et l'évolution de l'ordre allait être déterminée par la rencontre de ces deux génies, Étienne et Bernard.

Quand Bernard de Fontaine, le futur saint Bernard, entra comme novice à Cîteaux en 1113, il n'existait qu'une seule communauté cistercienne. Quand il mourut, en 1153, l'Ordre régissait trois cent cinquante maisons dans toute l'Europe et son influence prévalait sur celle de tous les autres ordres religieux.

Étienne Harding accueillit avec joie le nouveau groupe qui fit son noviciat sous sa direction. Il envisageait maintenant l'avenir de Cîteaux avec plus de sérénité, car le Nouveau Monastère avait désormais les moyens de poursuivre son œuvre de réforme aussi bien dans le domaine spirituel que dans le domaine matériel. Les terres pouvaient être mises en valeur, le service divin assuré, et l'exemple de Bernard et de ses compagnons entraînait de nouveaux postulants.

La prospérité de Cîteaux devint telle qu'en 1113, Étienne Harding fut obligé de chercher un nouveau site pour y établir les moines qui, trop nombreux, ne pouvaient plus se loger à Cîteaux. C'est ainsi que fut créée la première fondation, la première maison fille de Cîteaux, La Ferté, près de Chalon-sur-Saône. La terre fut donnée par les deux comtes de Chalon, Guillaume et Savary ; il s'agissait « *d'une part de la forêt que les habitants appellent Bragny* ». Cette donation fut confirmée par l'évêque de Chalon, Gautier, et par celui de Langres, Josseran. Un autre seigneur, Arlier de Montailly, permit aux moines d'exploiter une carrière qui leur fournirait les pierres pour leur église.

Une réussite en entraîne une autre. Un an après la fondation de La Ferté, l'abbé Étienne créa une nouvelle maison à Pontigny, dans la région d'Auxerre, non loin de Molesme. La

charte de fondation rapporte qu'elle avait été provoquée par
« *la copieuse multitude de moines dans la maison mère* ». Le
nouveau monastère était dirigé par Hugues de Vitry, et le
domaine constitué par des terres données par le comte
d'Auxerre, Guillaume. Enfin, le 25 juin 1115, l'ensemble
monastique de Cîteaux, qui formait déjà une petite congrégation, s'augmenta de deux nouveaux établissements, Clairvaux
et Morimond. Tout cela sous l'impulsion d'Étienne Harding
qui, infatigable, multipliait les démarches et les voyages
auprès des évêques et des seigneurs de la région.

Clairvaux fut fondée à la suite de l'intervention d'un cousin
de Bernard, Josbert de la Ferté, qui se déclara prêt à céder des
terres qu'il possédait près de Bar-sur-Aube, dans un petit
vallon dit le Val d'Absinthe : « *C'était un site sauvage, peuplé
de ronces et de bouquets odoriférants d'absinthe, dans le fond
du val où coule un ruisseau aux eaux fraîches et limpides.* »
Bernard fut désigné pour se mettre à la tête de la nouvelle
fondation, qui prit le nom de Clairvaux, le Clair Vallon.

La même année, Morimond, la quatrième des maisons filles
de Cîteaux, qui sera la dernière fondation majeure, fut créée
dans le diocèse de Langres avec le soutien de l'évêque
Josseran de Langres et l'aide du seigneur Ulrich d'Aigremont,
qui la dota en terres. L'abbé de cette nouvelle maison était
Arnold de Schwarzenberg.

Ainsi, en l'espace de deux ans, Cîteaux avait essaimé et
fondé quatre nouvelles abbayes, celles que l'on appellera les
maisons filles et qui seront, avec la maison mère, à la tête de
l'Ordre. En l'espace de si peu de temps, sous l'impulsion
d'Étienne Harding et grâce à son génie de l'organisation, la
communauté issue de Molesme était devenue, après bien des
vicissitudes, un nouvel ordre monastique, l'Ordre cistercien.
L'élan donné par l'arrivée de Bernard de Fontaine avait été
essentiel, mais rien n'aurait pu se faire sans Étienne Harding.
C'est ce qu'occultent parfois les historiens, et même l'histoire
officielle de l'Ordre, pour mieux mettre en valeur le rôle de
saint Bernard.

Le développement de l'Ordre cistercien continuera par de

nouvelles créations, toujours sous l'abbatiat d'Étienne Harding. Les maisons filles à leur tour fonderont des monastères et le domaine cistercien s'étendra petit à petit à la France entière, puis à l'étranger.

L'abbaye de Cîteaux ne fondera aucune maison jusqu'en 1131, ce qui permettra à Étienne Harding d'organiser l'Ordre. Le principe fondamental de l'Ordre était que chaque abbaye fût autonome dans sa gestion mais que celle-ci fût régulièrement contrôlée par l'abbaye mère d'où elle était issue. Cette organisation à la fois de liberté administrative et de surveillance régulière fit l'originalité de l'Ordre. Il rejetait la centralisation excessive et pesante de Cluny, où chaque prieuré était soumis à la maison mère dont il devait suivre à la lettre les directives, avec tout ce que ce système avait de pesant et de contraignant. À Cluny, seul le chef d'ordre avait une personnalité, les autres établissements n'étaient que des succursales sans originalité. À Cîteaux, chaque maison avait son propre caractère.

Dès 1119, Étienne Harding put mettre en place les éléments qui feront du nouvel ordre une institution dont la stabilité assurera le succès et l'extraordinaire essor au cours du XIIᵉ siècle.

À cette époque donc, il y a une organisation cistercienne. Mais il y a également une spiritualité cistercienne. On a souvent défini les Cisterciens comme les moines de la solitude : « *O beata solitudo, o sola beatitudo* », lisait-on sur les murs des cloîtres (Ô bienheureuse solitude, ô seule béatitude). Les maisons de l'Ordre s'établissaient en effet dans des lieux isolés, de préférence au fond des vallons, éloignées du monde. Mais ceci ne signifiait pas que les Cisterciens rejetaient le monde. La solitude était pour eux le moyen de mieux vivre dans le silence et de mieux prier. Ils n'étaient pas seulement des contemplatifs, ils étaient aussi des actifs, alternant travail et prière. C'est cela qui les reliait au monde, c'est ce dosage équitable entre la méditation et le travail qui les rendait si humains et leur attirait tant de vocations. La part de Dieu, la première bien sûr, mais également la part de l'homme.

L'expérience de la solitude ne se fait pas égoïstement au détriment du voisin ou du compagnon, elle n'est pas totale comme chez les Chartreux par exemple : elle se pratique en communauté. Cîteaux est une société d'individualités soudées par l'amour de Dieu, par la charité et par l'obéissance à un abbé. C'est ce que l'on pourrait appeler, d'un terme qui eut son succès bien des siècles après, un « personnalisme communautaire ». L'individu a une personnalité, mais, obligé de vivre en société, cette personnalité est conditionnée et souvent limitée par les règles du corps social.

L'abbé Étienne attachait un soin particulier au choix des sites, avant d'établir une fondation, en les visitant lui-même. Tous ces sites se ressemblaient à quelques détails près. Les moines s'établissaient dans un vallon, auprès d'une rivière qui fournirait l'eau et la force motrice, souvent près d'une forêt qui fournirait le bois, en bordure de terres cultivables qui produiraient la subsistance indispensable à la vie de la communauté. L'accès au monastère devait être aisé, même si la maison était installée loin d'une voie habituelle de circulation.

Étienne Harding, tout en s'occupant de l'organisation de l'Ordre, dirigeait d'une main ferme l'abbaye mère de Cîteaux. Il veillait à ce que celle-ci eût un recrutement suffisant pour maintenir ses effectifs et pour qu'elle pût conserver ainsi son rôle d'inspiratrice et de gardienne de l'Ordre entier. En 1131, il fonda quatre nouveaux monastères, deux proches de Cîteaux : La Bussière et Le Miroir ; deux beaucoup plus éloignés : Loroux en Anjou, et Saint-André de Sestri en Italie. Ce n'était pas la première abbaye fondée hors de France, déjà dans les années 1123-1124, La Ferté, Clairvaux et Morimond avaient essaimé en Italie, en Bavière et en Autriche.

C'est sous l'abbatiat d'Étienne Harding que furent fondés les premiers monastères de femmes. En 1113, le comte de Bar, Miles, fit don du château de Jully pour l'installation de moniales cisterciennes. Le monastère fut rattaché à Molesme qui était proche. La première prieure fut la belle-sœur de Bernard de Clairvaux, Élisabeth, dont le mari avait suivi son frère à Cîteaux. En 1118, la propre sœur de Bernard,

Hombeline, lui succéda. La charte de fondation de ce premier monastère de femmes spécifiait : « *Les religieuses mèneront la vie commune. Elles se procureront nourriture et vêtements au moyen de leurs dots, de leur travail, et des aumônes. Elles ne devront avoir ni serviteurs, ni servantes, ni églises, ni dîmes, ni fermes.* »

Vers 1125, à l'initiative d'Étienne Harding, Jully fonda à son tour un monastère à Tart, près de Cîteaux, qui fut rattaché directement à l'abbaye même de l'Ordre. Étienne Harding en prit la direction spirituelle et il lui détacha un moine de Cîteaux pour la célébration des offices religieux, ainsi qu'un certain nombre de convers qui se chargèrent des travaux matériels. D'autres fondations féminines suivront celle de Tart, mais à l'origine les abbés cisterciens se montrèrent plutôt réticents à l'admission de femmes dans l'Ordre.

En 1133, à l'âge de soixante-sept ans, Étienne Harding se démit de sa charge abbatiale. Fatigué par des combats incessants, le grand lutteur voulait se reposer et prendre du recul à l'égard de son œuvre. Il mourut un an plus tard. À cette date-là, l'Ordre comptait soixante-dix abbayes en France et hors de France.

Le rôle d'Étienne Harding dans la création de l'Ordre cistercien a été souvent occulté ou mal compris. La grande figure de saint Bernard, docteur de l'Église, conseiller des rois et des papes, conscience inspirée de son temps, lui porte une ombre préjudiciable. Bernard de Clairvaux aurait-il été ce qu'il fut sans Étienne Harding ? Il est difficile d'en douter. Mais Étienne a ouvert la voie à saint Bernard en lui offrant des bases solides, fortement ancrées dans la tradition bénédictine et revivifiées par la réforme de Molesme. Il a permis à l'abbé de Clairvaux d'affirmer sa personnalité, de prendre son essor, d'étendre l'Ordre au monde entier et d'en faire l'instrument d'une rénovation spirituelle au XIIᵉ siècle, qui aura des répercussions non seulement dans le monde religieux, mais aussi dans la société laïque de l'époque.

L'influence de l'esprit cistercien sera grande dans le gouvernement de la France. Bernard intervint à plusieurs reprises dans les affaires du royaume. Par exemple, il protesta auprès de Suger, ministre de Louis VI et de Louis VII, contre la nomination comme sénéchal de France d'un clerc de Paris qui cumulait les fonctions religieuses et laïques. En janvier 1128, se réunit à Troyes un synode pour organiser une nouvelle communauté créée en 1119 par un chevalier champenois, Hugues de Payns. Elle avait pour but de protéger et d'aider les pèlerins de Terre Sainte. Cet institut mi-religieux, mi-guerrier, était nommé l'Ordre du Temple, prenant ainsi le nom de l'ancien Temple de Jérusalem sur l'emplacement duquel il avait établi sa maison mère. Étienne Harding prit part au synode de Troyes avec d'autres abbés, dont Bernard de Clairvaux, et il participa à la discussion qui donna à l'Ordre ses constitutions. Bernard rédigea une lettre intitulée *Éloge de la Nouvelle Milice*, dans laquelle il définit l'idéal du moine-soldat opposé au type des seigneurs pillards de l'époque. « *Une nouvelle chevalerie vient, dit-on, de naître parmi nous dans le pays même où jadis le Verbe de Dieu a pris chair... Chevalerie nouvelle certes, et telle que le monde n'en a pas encore connu jusqu'ici, destinée à mener un double combat sans relâche, contre la chair et le sang, et contre l'esprit des ténèbres (...). Le chevalier qui d'un même mouvement a revêtu son âme de la cuirasse de la foi et son corps de la cuirasse de fer, sûr de toutes parts, peut rester intrépide (...) Loin de redouter la mort, il la désire, le Christ est sa vie, la mort est un gain, de quoi aurait-il peur ? Sa vie est conscience et abandon à Dieu* » (*Éloge de la Nouvelle Milice*, III).

Saint Bernard décrit le mode de vie des Templiers : « *Ils pratiquent l'obéissance dans la discipline. La nourriture et le vêtement leur sont fournis par leurs chefs, ils se bornent du reste au strict nécessaire et mènent en communauté une vie modeste et frugale. Selon le conseil évangélique, ils habitent tous sous un même toit, ne possèdent rien en propre et cultivent l'unité dans le bien et la paix (...). Ils ne se peignent jamais, se lavent rarement et préfèrent paraître les cheveux en désordre, le visage souillé de poussière, le teint brûlé et moiré comme leur armure* » (*Ibid.,* IV). À cette époque-là, saint Bernard est devenu une des figures les plus éminentes de la Chrétienté.

Étienne Harding pouvait donc mourir en paix : sa tâche était terminée, la relève était assurée par son disciple Bernard de Clairvaux. Une nouvelle étape dans l'histoire de Cîteaux commençait.

L'essor de l'Ordre

Il convient, ici, d'examiner ce qu'était l'Ordre de Cîteaux à la mort d'Étienne Harding.

L'arrivée de Bernard de Fontaine et de ses compagnons avait été l'élément accélérateur de la croissance de l'Ordre. Ses effectifs augmentèrent de façon importante à partir de ce moment-là.

Or, cette croissance rapide posait un problème grave à l'abbé Étienne. Comment fallait-il assurer la cohésion de ce groupe et faire d'une communauté dont les débuts avaient été assez anarchiques, un ensemble soudé, harmonieux et soumis à une même discipline ? Comment, d'autre part, créer un lien entre des fondations dont le nombre augmentait sans cesse, et qui étaient souvent dispersées et éloignées de la maison mère qui leur avait servi de base de départ ?

Étienne Harding résolut ce problème en donnant à Cîteaux des constitutions qui furent le fondement de l'Ordre et en assurèrent la pérennité. La règle de saint Benoît donnait au nouvel ordre sa spiritualité et son mode de vie. Le statut appelé Charte de charité lui apportait un cadre réglementaire permettant l'application de la Règle dans les conditions optimales.

Il semble que ce soit en 1114, époque de la fondation de Pontigny, que les premiers règlements établissant la nécessité d'une discipline commune et son observance régulière aient été rédigés et soumis à l'approbation de l'évêque d'Auxerre. Ils constituèrent, en trois courts paragraphes, la *Primitiva*

Carta Caritatis, la Charte de charité primitive. Le premier chapitre accordait aux abbayes une pleine autonomie de gestion financière et d'administration. Le second chapitre insistait sur l'observation d'une règle commune issue de celle de saint Benoît, et appliquée telle qu'elle avait été réformée par Cîteaux. Enfin le troisième chapitre faisait un état des livres employés à l'abbaye de Cîteaux et qui devraient être utilisés dans les autres abbayes pour assurer l'unité du culte. Cette charte primitive déterminait la contribution matérielle et le contrôle de l'Ordre sur les abbayes filles : « *Désireux d'être utiles à tous les fils de la Sainte Église nous ne voulons prendre vis-à-vis d'eux aucune disposition qui leur soit une charge, ni qui diminue leurs ressources (...). Toutefois, avec en vue le Christ, nous voulons garder pour nous la direction de leurs âmes afin que, si un jour (ce qu'à Dieu ne plaise) ils tentaient de s'écarter de notre genre de vie et de l'observance de la Sainte Règle, ils puissent par nos soins en revenir à la pratique exacte de leur observance.* » Par ailleurs, la Charte spécifiait que « *désormais nous voulons donc et nous prescrivons qu'ils observent en tout la règle de saint Benoît, telle qu'on la pratique au Nouveau Monastère* ». La Charte de charité primitive, rédigée sous la responsabilité d'Étienne Harding, instituait un gouvernement monarchique dont l'autorité suprême était l'abbé de Cîteaux, sans autre contrepartie.

Les règlements de la Charte de charité primitive furent modifiés dans les années suivantes, après la tenue de plusieurs réunions entre l'abbé de Cîteaux et les abbés des nouvelles fondations. Le Chapitre, qui se tenait annuellement à Cîteaux, devint l'organisme qui légiférerait à l'avenir et qui assisterait l'abbé général dont les pouvoirs étaient désormais limités.

La Primitive Charte, à la suite de ces adjonctions, fut remaniée en 1119. La rédaction nouvelle reçut l'approbation du pape Calixte II et le texte devint la *Summa Cartae Caritatis*. À cette nouvelle charte furent adjoints les *Capitula* rédigés à l'origine de l'Ordre et concernant les *Us*, et le *Petit Exorde* qui racontait les débuts de Cîteaux. Les *Capitula* avaient trait au règlement général entre les abbayes, au chapitre annuel, aux peines infligées aux abbés « *relâchés et négligents* », aux sanctions à appliquer aux moines et aux convers fugitifs. Ils réglementaient également la construction des abbayes qui étaient toutes fondées « *en l'honneur de la Reine du Ciel et de la Terre* », la qualité des vêtements et de la nourriture. Ils édictaient des interdits à l'égard des femmes qui n'avaient pas le droit de pénétrer dans les monastères, à l'égard des séculiers avec lesquels les maisons ne devaient avoir aucun accord de travail. La tâche des convers était précisée, ainsi que leur participation aux biens spirituels et temporels de l'abbaye.

Le *Petit Exorde* relate les commencements de Cîteaux avec « *la sortie de Molesme des moines cisterciens* », et raconte comment vingt et un moines sortirent ensemble avec l'abbé du monastère, Robert, « *d'heureuse mémoire* », et comment « *après de nombreux travers et de grandes difficultés* » parvinrent à Cîteaux, « *lors lieu horrible et vaste solitude* ».

À ce stade-là, la *Summa Cartae Caritatis* donnait les grandes lignes de ce que devait être l'organisation de l'Ordre : autonomie de chaque maison, tenue à Cîteaux de chapitres annuels de tous les abbés sous la présidence de l'abbé de la maison mère, surveillance de l'abbaye mère fondatrice en matière de discipline, rang primordial des trois premières maisons filles – La Ferté, Pontigny et Clairvaux –, enfin aide aux monastères qui auraient des difficultés économiques.

L'expérience aidant et la pratique modifiant beaucoup de choses, la *Summa Cartae Caritatis* fut modifiée en 1150. Le texte ainsi élaboré reçut une nouvelle préface et prit le nom de *Carta Caritatis Prior*. En 1190, la charte subit à nouveau une remise à jour, tenant compte de nombreux décrets pris par les papes en faveur de l'Ordre de Cîteaux. Le nouveau texte formait un ensemble cohérent. Il introduisait la quatrième abbaye fille Morimond dans le groupe de celles qui prenaient la tête de l'Ordre. Mais surtout, pour la première fois, le contrôle épiscopal sur les abbayes était supprimé pour faire place à celui du Chapitre général, qui était la seule autorité en matière de discipline. C'était le principe de l'exemption. La nouvelle charte, la *Carta Caritatis Posterior*, fut approuvée par le pape Alexandre III.

À côté des Chartes de charité, véritables constitutions de l'Ordre, d'autres textes réglementèrent, dès sa création, les us et coutumes de Cîteaux. On les appelle les *Capitula*, ils furent plus tard recueillis et complétés dans les *Instituta Generalis Capituli apud Cistercium*, et publiés en même temps que la première Charte de charité. Ces *Instituta* étaient des décrets d'application plutôt que de véritables lois fondamentales. Ils insistaient en premier lieu sur les notions de solitude, de silence et d'humilité, ce qui avait pour corollaire de bannir formellement tout ministère pastoral et la formation de jeunes enfants dans les écoles monastiques. C'était à l'opposé de la tradition bénédictine, en particulier de celle de Cluny, dont les maisons avaient des écoles. Les jeunes ne pouvaient être admis à Cîteaux pour le noviciat avant l'âge de quinze ans. Les *Instituta* proscrivaient toute activité intellectuelle et l'abondance d'ornements dans les monastères cisterciens.

Ainsi donc, vers le milieu du XIIᵉ siècle, l'Ordre de Cîteaux avait-il établi son organisation propre, définie par les différentes chartes de charité et les *Capitula*. Toute la Règle de Cîteaux se trouvait là, constituant le couronnement de l'œuvre d'Étienne Harding, aidé par Bernard de Clairvaux.

Il nous faut examiner maintenant comment se présentait la Règle de l'Ordre cistercien, quel était le mode de vie de ces nouveaux moines et de quelle façon s'exerçait la gestion d'une congrégation qui devenait de plus en plus importante au cours des années.

Le but de la réforme cistercienne qu'avaient voulue dès son commencement Robert de Molesme et son successeur Aubry (ou Albéric) était un retour à la règle bénédictine primitive, pure, débarrassée de tous les ajouts que les siècles et les hommes, en particulier les Clunisiens, avaient accumulés. *« L'abbé Aubry et ses frères, n'oubliant pas leurs promesses, décrétèrent unanimement d'instituer en ce lieu* (Cîteaux) *la règle du bienheureux Benoît et de rejeter tout ce qui était en contradiction avec elle* » (*Petit Exorde*). L'archevêque de Lyon, Hugues, leur accorda sa protection car ils voulaient suivre la règle « *d'une manière plus stricte et plus parfaite, à la lettre* ».

Le principe fondamental de la règle de saint Benoît était résumé en trois mots : isolement, pauvreté, travail manuel. De ce principe découlent les devoirs fondamentaux du moine bénédictin, qui ont trait à la vie en communauté (cénobites), à la louange divine, à l'obéissance à un supérieur librement élu, aux relations qu'ils peuvent avoir avec le monde extérieur. Le moine bénédictin veut vivre hors du monde.

Ce principe essentiel avait été détourné de son objectif primitif. À la grande époque de Cluny, l'isolement n'existait plus. Les moines étaient en relation constante avec le monde extérieur et recevaient des élèves dans leurs écoles. La pauvreté n'était plus qu'un leurre. Bien nourris, bien habillés, les religieux vivaient dans des monastères dont l'ornementation était extrêmement recherchée et luxueuse. C'est la grande période de l'art clunisien. Le travail manuel, laissé à des convers et à des domestiques laïcs, avait fait place à un travail intellectuel de recherche, d'éducation et de diffusion religieuses.

Robert de Molesme, puis Étienne Harding voulurent supprimer ces abus et procéder au nettoyage de la Règle. Il ne s'agissait pas d'un schisme, mais d'un retour à une orthodoxie qui avait été abâtardie et édulcorée au fil des temps.

Le *Grand Exorde* déclarait que les moines de Cîteaux « *mus par le désir de mener une vie parfaite et de garder à la lettre la Règle de leur père Benoît, embrassèrent une vie austère et difficile* ». Les conditions de vie et les mœurs avaient changé de façon importante depuis l'époque de saint Benoît, qui avait écrit sa règle au VIᵉ siècle. Les Cisterciens prouvèrent que cette même règle pouvait être appliquée dans leur siècle, c'est-à-dire six cents ans plus tard. Le mérite de Cîteaux fut de préserver et de sauver la pensée de saint Benoît et d'apporter à un siècle où les structures de la société civile étaient en plein changement, les éléments de l'antique structure héritée de la civilisation romaine. Du reste, l'esprit cistercien n'était pas un esprit obtus, conservateur. Les constitutions de l'Ordre surent être modifiées lorsque la nécessité l'exigeait.

Le monastère cistercien accueillait donc des moines, des cénobites, qui voulaient vivre dans la solitude et la prière. Dans cette vie religieuse, il y avait une hiérarchie.

Le jeune homme, à l'âge minimum de quinze ans, qui voulait se consacrer à Dieu, entrait au monastère comme postulant. Au bout de quelques semaines ou de quelques mois, suivant l'accord de l'abbé, il était admis comme novice. C'était véritablement le premier degré de la hiérarchie. Il était confié à un des personnages essentiels de l'institution, le maître des novices, qui allait le former dans les règles de la spiritualité cistercienne. Les novices vivaient à part de la communauté et habitaient un bâtiment ou un quartier du monastère bien distinct. Ils ne rejoignaient les moines profès (ceux de plein exercice) qu'à l'heure des offices. Le novice apprenait la règle de saint Benoît. Il était soumis à un enseignement littéraire et religieux ainsi qu'au travail manuel exigé par les besoins du monastère. Ce stade du noviciat durait au minimum un an, et sa durée était laissée à l'appréciation du maître des novices, suivant le degré de formation du jeune moine.

La période de noviciat terminée, le novice est appelé à faire sa profession, acte solennel qui faisait de lui un moine à part entière. Devant la communauté réunie sous la présidence du père abbé, au cours de la grand-messe du dimanche, il promet d'observer les trois vœux majeurs : celui de conversion qui l'engage à vivre une vie religieuse totale, celui d'obéissance qui le soumet à la Règle et à son représentant, l'abbé, celui de stabilité qui l'oblige à demeurer sa vie entière, à moins que des circonstances exceptionnelles ou un ordre venu de l'abbé ne l'y obligent, dans le même monastère, qui est celui de sa profession et qui sera celui de sa mort. Le nouveau profès signe le document sur lequel ces vœux ont été consignés et il le dépose sur l'autel. À partir de ce moment-là, il prend place dans la communauté cistercienne, celle de ses frères immédiats, mais aussi celle de l'Ordre tout entier.

Il faut noter que le nouveau profès n'était pas obligatoirement prêtre. À l'origine de l'Ordre, les prêtres étaient peu nombreux. N'étaient ordonnés que ceux qui en manifestaient le désir ou que l'abbé désignait pour ces fonctions sacrées, suivant les besoins de la communauté.

L'emploi du temps du moine cistercien était rigoureusement réglé. Nulle place à l'improvisation, encore moins à la fantaisie. La stricte observance de la règle déterminait toutes les actions du moine. La journée se déroulait d'une façon bien rythmée par les heures canoniales. Le lever se faisait dans la nuit, vers deux heures. Le moine se rendait à l'église pour réciter les matines et les laudes de la Sainte Vierge, c'était la première heure canoniale. Un temps était ensuite réservé à la prière individuelle et à la méditation. À trois heures avait lieu l'office de nuit avec récitation et psalmodie des matines et des laudes canoniales. Les moines qui étaient prêtres disaient la messe à quatre heures et communiaient ceux qui n'étaient pas ordonnés. À cinq heures trente se disait l'office de prime, suivi du chapitre.

Le chapitre se tenait dans une salle particulière, la salle capitulaire, attenante au cloître. La communauté se réunissait au grand complet sous la présidence de l'abbé, qui lisait un passage de la Règle, et le commentait. Il donnait ensuite des nouvelles concernant l'Ordre. Une fois par semaine avait lieu le chapitre des couples, au cours duquel les moines s'accusaient en public des fautes ou des manquements envers la Règle qu'ils avaient pu commettre. Le chapitre était suivi d'un petit déjeuner léger. À six heures trente, les moines se consacraient à la lecture ou à l'étude dans une salle réservée à cet effet.

À sept heures quarante-cinq, la grand-messe était célébrée solennellement par le père abbé en présence de toute la communauté, novices, profès, convers, précédée de l'office de tierce et suivie par celui de sexte. Les offices terminés, les moines se dirigeaient à neuf heures vers la salle d'études, le *scriptorium*, où durant plus d'une heure avait lieu un temps de travail, avec lecture, étude de documents, classe d'enseigne-

ment pour les novices étudiants. À onze heures, l'office de
none était la cinquième heure canoniale, celle du milieu de la
journée. Le déjeuner, à onze heures trente, était précédé des
ablutions des mains que tout moine pratiquait avant d'entrer
au réfectoire ; une fontaine se trouvait dans un coin du cloître
à cet effet.

Après le déjeuner commençaient les heures de l'après-midi
par une lecture faite dans le cloître ou une prière individuelle
à l'église. La vie active de la communauté reprenait à
une heure trente avec le travail au champ ou dans les différents services et ateliers du monastère. Ce temps de travail
durait environ deux heures et il était suivi de lecture ou de
prière privée. Les vêpres, à quatre heures trente, réunissaient
à nouveau toute la communauté à l'église, c'était la sixième
heure canoniale qui durait une heure environ. Elle était suivie
d'une collation, léger souper pris au réfectoire et d'un temps
de lecture publique dans la salle capitulaire ou dans le cloître.
La dernière heure de la journée, à six heures environ, était
complies, l'accomplissement de cette journée qui se concluait
par le *Salve Regina*.

Ce chant était, et est encore, un des moments forts de la
journée du Cistercien. Il faut l'avoir entendu, dans le silence
d'une église plongée dans la pénombre et éclairée seulement
par une lampe de sanctuaire pour ressentir l'impact qu'il peut
avoir sur une âme religieuse. Joris-Karl Huysmans, écrivain
de la fin du XIXe siècle, a peut-être été le seul à en rendre la
beauté mystique dans son roman *En route*.

Faisant une retraite à l'abbaye d'Igny, dans la Marne,
Huysmans assiste à l'office du soir :

« *Et subitement tous* (les moines) *se levèrent, et dans un
immense cri le* Salve Regina *ébranla les voûtes... Chanté
sans accompagnement, sans soutien d'orgues, par des voix
indifférentes à elles-mêmes et fondues en une seule, mâle et
profonde, il montrait une tranquille audace, s'exhaussait en
un irrésistible effort vers la Vierge, puis il faisait comme un
retour sur lui-même et son assurance diminuait ; il avançait
plus tremblant, mais si déférent, si humble qu'il se sentait*

pardonné et osait, alors, dans des appels éperdus réclamer les délices immérités d'un ciel. »

La conclusion résume bien la beauté de ce chant :

« *Et brusquement sur le mot* Maria, *sur le cri glorieux du nom, le chant tomba, les cierges s'éteignirent, les moines s'affaissèrent sur leurs genoux : un silence de mort plana sur la chapelle.* »

Tout au long de cette journée rythmée par les heures, le moine se partage entre l'église où il prie, le *scriptorium* où il étudie et lit, et les champs et les ateliers où il travaille. Il portait l'habit cistercien, qui au temps d'Aubry, avait remplacé l'habit noir des Bénédictins. Ce vêtement se composait d'une tunique de laine d'un blanc cassé, retenue à la ceinture par une lanière de cuir, et d'un scapulaire noir par dessus la tunique. C'était le vêtement porté à l'intérieur du monastère ou aux champs. À l'église, le moine se revêtait de la coule, ample manteau blanc d'une seule pièce, non cousu, qui recouvrait le corps tout entier et comportait un capuchon pour la tête. Cette vêture fit surnommer les Cisterciens les moines blancs pour les distinguer des Bénédictins traditionnels, les moines noirs.

La nourriture est simple, pour ne pas dire frugale, « *deux plats cuits suffisent à chaque table* », précise la Règle. Plats de légumes, d'œufs, de poissons ou de laitages. Le Cistercien s'abstient de toute nourriture carnée. Une mesure de vin est fournie pour toute la journée, à moins que le moine ne soit obligé de faire de gros travaux. L'ordonnance de la table est simple. On mange sur de grands plateaux en bois sans nappe, dans une vaisselle en terre cuite, les gobelets sont en terre cuite ou en métal. Pendant le repas, un moine fait la lecture sur un sujet religieux : Ancien Testament, Évangiles, écrits des Pères de l'Église.

Les moines couchent en dortoir. Il n'y a pas de cellule individuelle, de simples rideaux isolent les lits les uns des autres. Le lit se réduit à une armature de bois recouverte d'une paillasse sur laquelle le moine s'étend tout habillé, protégé par une couverture de laine.

Le dortoir communique avec l'église, directement par un

escalier spécial, de sorte que les religieux en se levant vers deux heures du matin s'y rendent immédiatement pour psalmodier la première heure canonique de matines. Les offices sont en général courts, sauf pour les grandes fêtes liturgiques. Ils n'ont pas l'ampleur démesurée de ceux de Cluny, où la *Laus divina*, la prière divine, durait plusieurs heures à grand renforcement d'une liturgie somptueuse, presque orientale.

Le temps consacré à la prière et à l'étude doit être, en principe, de même durée que celui consacré au travail. Mais comme il était difficile d'effectuer de façon suivie des travaux qui nécessitaient souvent plusieurs heures, en particulier les travaux des champs, les moines furent obligés d'engager des serviteurs laïcs, puis de créer une nouvelle catégorie de religieux, les frères convers, plus particulièrement destinés aux tâches manuelles. Les convers étaient des religieux au même titre que les profès. Leur formation était différente. Ils avaient leur maître des convers, ils habitaient des bâtiments distincts. À l'église, ils avaient un emplacement réservé dans la nef, le chœur des convers. Ils ne participaient pas à tous les offices de la journée, car ils continuaient leur temps de travail pendant que les moines étaient à l'église, ce qui était essentiel pour la vie matérielle de la communauté. Ils étaient vêtus de bure brune et portaient la barbe.

Les frères convers apparurent à Cîteaux vers 1120, leur statut au début n'était pas strictement établi, et ce n'est qu'au fil des temps, l'expérience aidant, qu'ils reçurent un règlement bien précis qui en fit de véritables religieux, et non point des laïcs vivant dans un monastère. Après une période de noviciat, ils faisaient vœu de pauvreté et d'obéissance entre les mains du père abbé. Le Chapitre général précise que « *nous prenons les convers comme nos proches et nos aides, de la même façon que nous accueillons les moines. Pour nous ce sont des frères, et ils participent à nos biens tant spirituels que matériels au même titre que les moines* ».

L'abbé est le chef et le père (*abbas*) de la communauté des moines. Il est élu à vie par les profès à moins que des raisons d'âge ou de santé ne l'obligent à se démettre de sa charge. Il dirige le monastère en souverain incontesté, dont la croix pectorale et l'anneau sont les symboles. Il préside à tous les offices. Il distribue les charges auxquelles les moines sont affectés, répartit le travail au début de la journée, réunit la communauté le matin au chapitre pour lui faire part de tous les événements concernant le monastère ou l'Ordre. Il inflige les peines aux moines fautifs. Bref, il administre son abbaye tant sur le plan spirituel que sur le plan matériel.

La Règle indique que « *quand quelqu'un reçoit le nom d'abbé, il doit gouverner ses disciples par un double enseignement montrant ce qui est bon et saint par ses paroles, et plus encore par ses actes* (…). *L'abbé aura pour tous une égale charité* (…). *L'abbé doit toujours se rappeler ce qu'il est, se rappeler le nom qu'il porte et savoir que le Seigneur exige davantage de celui à qui il a confié davantage* (…). *Que l'abbé le sache, celui qui reçoit des âmes à conduire doit se préparer à rendre des comptes.* »

La charge de l'abbé était donc lourde. Non seulement il devait veiller à la bonne gestion de la maison à la tête de laquelle il se trouvait, mais il était responsable devant Dieu et devant ses frères de la bonne santé spirituelle et morale des âmes qui se mettaient sous sa houlette.

L'abbé ne gouvernait pas seul le monastère. Il était assisté dans sa tâche par un conseil d'officiers, nommés par lui, qui était en quelque sorte le gouvernement de l'abbaye. Dans la hiérarchie, le premier après l'abbé était le prieur. Il secondait l'abbé dans l'administration du monastère et il le remplaçait lorsqu'il s'absentait ou lorsqu'il était malade. Le prieur était plus particulièrement chargé de la gestion matérielle de l'abbaye.

Le maître des novices et le maître des convers avaient le rôle essentiel de former les jeunes postulants qui voulaient faire profession à l'abbaye. Bien qu'intégrés à la communauté, ils menaient une vie un peu à part avec leurs pupilles.

Autre officier, le sacriste. C'était le moine chargé de tout ce qui avait trait au culte et à la liturgie. Son rôle était important. Il avait en charge tous les objets du culte et il devait veiller à

la préparation des cérémonies religieuses, à leur ordonnance-
ment et à leur bon déroulement. Il était assisté en cela par le
préchantre.

Le cellerier était en quelque sorte l'intendant du monastère,
son ministre de l'économie. Il administrait directement les
domaines et il avait la haute main sur les convers et les
ouvriers lais (laïcs). Il distribuait les rations alimentaires et
veillait sur les stocks de denrées, en particulier les céréales,
qui servaient à la subsistance des moines.

Le père hôtelier était chargé de recevoir les hôtes du monastère et d'assurer les contacts avec le monde extérieur. Il était
assisté par le portier. Enfin, le père infirmier, parfois un
médecin ayant fait des études spécialisées avant de se faire
moine, était chargé des soins aux malades, aux invalides et
aux vieux pères. Il avait à sa disposition une infirmerie, local
bien individualisé dans le monastère.

L'Ordre cistercien est ainsi organisé dès ses débuts, et les
structures qu'il s'est données vont lui permettre un essor
rapide et un succès qui se prolongera tout au long du
XIIᵉ siècle. La Règle renouvelée et les Constitutions de
l'Ordre sauvèrent les fondements mêmes de la vie cénobitique. Cet aspect de la renaissance de l'esprit bénédictin des
premiers temps fut particulièrement illustré par la vie d'action
de Bernard de Clairvaux, saint Bernard.

Le promoteur, Bernard de Clairvaux

PORTRAIT

Si la création de l'Ordre de Cîteaux peut être attribuée à Étienne Harding, il ne fait aucun doute que son essor est dû à Bernard de Fontaine. S'appuyant sur les constitutions et les règlements édictés depuis les débuts, il fit de la petite communauté qu'il trouva dès son arrivée à Cîteaux en 1112 le grand ordre qu'il était devenu à sa mort en 1153, et dont le prestige et l'influence prenaient le pas sur tous les ordres religieux existants.

Bernard naquit en 1090 au château de Fontaine-lès-Dijon, en Bourgogne. Il était le fils de Técelin, seigneur de Fontaine et de son épouse Aleth de Montbard, tous deux alliés à la meilleure noblesse de Bourgogne, la famille des Châtillon et par elle aux comtes de Tonnerre. Le couple avait sept enfants, six garçons, dont Bernard, et une fille Hombeline, qui deviendra une des premières Cisterciennes à l'exemple de son frère. La famille était profondément religieuse et le jeune Bernard était très attaché à sa mère. On a comparé le couple Bernard et sa mère Aleth à celui que formaient saint Augustin et sa mère Monique.

Bernard reçut sa première éducation à Châtillon-sur-Seine, au collège des chanoines séculiers de Saint-Vorles, ce qui était peu fréquent à cette époque où les fils de seigneurs n'avaient guère une instruction très poussée. Bernard étudia la grammaire, la rhétorique et la dialectique, ainsi que les Saintes

Écritures. Il se familiarisera avec les écrivains de l'Antiquité, surtout Ovide et Juvénal, dont on retrouve la pointe caustique dans maints de ses écrits. Vers l'âge de dix-neuf ans, il revint auprès de ses parents. En compagnie de ses frères, il mena la vie de la jeunesse d'alors, insouciante et joyeuse.

Cependant c'était un garçon sérieux et réservé, qui ressentait tout ce que cette existence avait de vide. La mort de sa mère ne fit que cristalliser cette réflexion. Attiré par Dieu et par une vocation religieuse, il se tourna vers le monastère le plus proche de Fontaine, Cîteaux, dont il connaissait la spiritualité et le mode de vie qui correspondait à sa soif d'austérité et d'humilité. Il éprouvait, d'après saint Benoît, les signes d'une vocation : « *un vrai désir d'union à Dieu, un sain intérêt porté à la liturgie des moines, et le bon vouloir pour acquérir l'obéissance et pour accepter les humiliations et les peines de la vie commune* » (Règle, chap. 56). Cette attirance pour la vie religieuse, il veut la faire partager à son entourage. C'est ainsi qu'au printemps de l'année 1112 Bernard se présente à Cîteaux, accompagné de ses quatre frères, Guy, Gérard, André et Barthélémy, de deux oncles maternels, Gaudry de Torrillon et Miles de Montbard, et de plusieurs amis, en tout trente compagnons. Il croît entrer au monastère de Cîteaux pour sa vie entière, et n'en plus sortir pour y passer une existence de prière et de pénitence. L'avenir en décidera autrement.

Étienne Harding, en proie avec des difficultés de recrutement, accueille avec joie les trente postulants, qui, venus des régions avoisinantes, sont connus de l'abbé. Ils vont doubler l'effectif du monastère.

Chacun fait son année de noviciat et prononce ses vœux au bout de cette période. L'entrée de Bernard de Fontaine et de ses amis est vite connue des familles seigneuriales des environs. Elle surprend d'abord, mais l'exemple de ces jeunes gens est vite suivi : d'autres postulants accourent et les effectifs du monastère grandissent.

C'est ce que souhaitait Étienne Harding. Jusque-là, les moines avaient vécu dans la précarité et l'incertitude du lendemain. Maintenant, ils vont pouvoir mettre en valeur les terres qu'ils cultivent et assurer en même temps le service divin. Les dons affluent à l'abbaye, avec les nouveaux candidats. Si bien que rapidement apparaît la nécessité de créer une nouvelle fondation. Les moines sont maintenant à l'étroit entre les murs de Cîteaux.

En 1113, Étienne Harding envoya quelques-uns de ses fils ériger une nouvelle maison dans la forêt de Bragny, au diocèse de Châlons, et il lui donna le nom de La Ferté (*Firmitas*) pour signifier que Dieu avait affermi l'Ordre. Puis vint Pontigny, au diocèse de Sens, dont Hugues, parent de Bernard, fut le premier abbé. La troisième fondation fut Clairvaux, au diocèse de Langres, où allait s'illustrer Bernard, qui en fut le fondateur et l'abbé. Enfin, la dernière des quatre premières fondations fut Morimond, dont l'abbé était également un ami de Bernard, Arnaud, allié aux plus grandes familles d'Allemagne.

En juin 1115, Bernard de Fontaine s'installa donc dans la troisième fondation, quittant Cîteaux avec douze de ses compagnons, dont ses deux frères et un oncle. Il gagna la vallée de l'Aube et se fixa en un lieu où poussait en abondance une plante sauvage qui lui avait donné son nom : le Val d'Absinthe. Un ruisseau et une fontaine apportaient la fraîcheur et l'eau nécessaire au monastère. Le site ensoleillé convenait parfaitement pour l'installation de la petite communauté. Bernard l'appela la Claire Vallée, Clairvaux.

Les premiers hivers furent durs. Bernard appliqua à la nouvelle fondation les méthodes qui avaient été à l'origine de la réforme de Cîteaux. Les moines étaient soumis à l'austérité de la Règle, qui confinait presque au dénuement. Ils commencèrent par construire de fragiles cabanes de branchages pour les abriter, puis, petit à petit, les bâtiments conventuels s'élevèrent. L'ordinaire des repas était composé des produits du lieu, plantes et racines comestibles cuites à l'eau, quelques rares fruits, du pain d'orge et de millet. Bernard donnait l'exemple. Peu à peu, sous sa direction, les structures de l'abbaye se mirent en place. Bientôt le monastère prit une telle importance qu'il allait devenir le plus illustre de l'Ordre. À la mort de Bernard, c'est un total de cent soixante-quatre communautés qui dépendront directement ou par affiliation de l'abbaye de Clairvaux, soit près de la moitié de celles de l'Ordre cistercien.

Bernard avait appliqué les qualités qu'Étienne Harding avait perçues en lui, à la fondation de Clairvaux. Pendant trois ans, il avait été à la sévère école de Cîteaux, sous la direction de l'abbé Étienne. Son caractère s'était épuré de tout ce qui avait fait la personnalité d'un jeune seigneur habitué à la vie quotidienne de cette époque, avec ses mondanités et ses aventures guerrières ou amoureuses.

À Clairvaux, il ne s'attacha pas seulement à son œuvre de fondateur, il continua à s'instruire et à se former. Son biographe, Guillaume de Saint-Thierry, rapporte qu'il avait reçu l'intelligence des Saintes Écritures « *dans les champs et dans les bois* (de Cîteaux), et que ses maîtres étaient « *les hêtres et les chênes de la forêt* » (de Clairvaux). Bernard lui-même écrit : « *Tu trouveras quelque chose de plus vaste dans les bois que dans les livres. Les arbres t'apprendront ce que tu ne pourrais pas entendre de la bouche de tes maîtres.* »

Et de Clairvaux, prenant son essor, il va devenir le maître à penser et le conseiller de la Chrétienté tout entière. C'est vers la trentaine, en pleine possession de ses moyens intellectuels, qu'il commença son travail de pèlerin et d'apôtre, parcourant la France entière, rencontrant toutes sortes de gens qui sollicitaient ses conseils ou son arbitrage, des prélats, des abbés, des rois, des empereurs, de simples particuliers, et les papes eux-mêmes. Son disciple de Clairvaux, le pape Eugène III (1145-1153) fera souvent appel à son ancien maître. La juridiction de Bernard se limitait canoniquement à l'abbaye de Clairvaux et à ses filles. Son influence s'étendit peu à peu à tout l'Ordre cistercien, si bien qu'elle égala celle de l'abbé primat de l'Ordre. À tel point qu'aujourd'hui encore on considère couramment que c'est saint Bernard qui a été le fondateur des Cisterciens.

Quel était le caractère de cette forte personnalité, qui lui permit de s'imposer de la sorte ?

Le personnage est multiple. Il était pugnace, capable de tenir tête à l'interlocuteur qu'il voulait convaincre, et à plus forte raison à ses détracteurs. Mais en même temps, on sentait chez lui une humilité réelle, telle qu'il n'écrasait pas son adversaire. Il appliqua ses qualités, et même ses défauts, dans l'exercice de sa charge. Son influence était vaste et son sens de l'observation aigu. Pour ses moines, il était à la fois un père viril et une mère attentionnée. Il pouvait se laisser emporter dans la discussion, mais il se reprenait vite et savait faire pardonner sa fougue.

Malgré son jeune âge – vingt-cinq ans –, le régime de Cîteaux et les privations dont il abusa à Clairvaux détériorèrent vite sa santé. Il souffrait de troubles d'estomac qui l'handicapèrent fortement à certaines périodes de sa vie. Il s'agissait sans doute d'un ulcère auquel s'ajoutaient des manifestations neuro-végétatives fréquentes chez des sujets au tempérament hypersensible. Lui-même l'écrivait à un de ses amis : « *Je ne connais pas le sommeil, de sorte que je souffre sans relâche. Tout mon mal tient en une grande faiblesse de l'estomac ; plusieurs fois au cours de la journée je dois prendre pour me soutenir quelques gouttes de nourriture liquide. Non seulement, je ne peux plus rien supporter de solide, mais le peu qu'on me donne me provoque de terribles souffrances, et au milieu de tout cela, je dois avouer à ma honte que l'esprit reste prompt malgré les faiblesses de la chair* » (Lettre 310).

Il s'ensuivait chez Bernard des périodes d'asthénie et d'abattement mais son tempérament ardent lui permettait de reprendre le dessus et de continuer à lutter pour de nouvelles causes. Jusqu'à la fin de sa vie, à soixante-trois ans, il combattit sans relâche, et ce combat s'adressait aussi bien à son corps déficient qu'à ses adversaires.

En dehors de cette intelligence aiguë qui lui faisait embrasser au premier abord les différentes données d'un problème ou les difficultés d'une situation, il était poète par sa façon d'envisager la vie. Ses écrits, et en particulier ses sermons, font référence au monde qui nous entoure et à la nature dans laquelle il voyait un véritable don de Dieu : « *Qu'elle est étonnante l'œuvre de la nature* », écrit-il dans la lettre 72. En parlant des animaux, des oiseaux, des plantes et des saisons dans ses sermons, il y puise les symboles d'une expérience de la vie et de le rédemption de l'homme par Dieu.

On a beaucoup écrit sur saint Bernard, pourfendeur de l'art religieux de son temps. Contrairement à ce que l'on a dit, il était un artiste, il admirait l'art des monastères et des cathédrales. C'est surtout contre les déviations et les outrances de cet art qu'il s'est élevé. L'art religieux, tel que le concevait Cluny, n'offrait jamais rien d'assez beau pour le service et la gloire de Dieu. Bernard écrivait au Bénédictin Guillaume de Saint-Thierry : « *Je vous reproche un abus à mes yeux bien plus grave, quoique devenu si fréquent qu'on n'y prête plus guère attention : vous donnez à vos églises des proportions gigantesques, les décorez avec somptuosité, les faites revêtir de peintures qui détournent irrésistiblement sur elles l'attention des fidèles et n'ont pour effet que d'empêcher le recueillement.* » Qui ne se souvient de sa polémique avec Pierre le Vénérable, abbé de Cluny, à qui il reprochait le luxe des vêtements des Clunistes, l'abondance et la recherche de leur nourriture, et surtout leur conception esthétique ? Les Clunistes appelaient cela « le Luxe pour Dieu ». Et Bernard de s'élever contre cette façon d'envisager le service de Dieu dans des termes très durs : « *Nous les moines, qui avons éteint en nous la vie du corps, qui tenons pour fumier tout ce qui est éclat, charme, parfum, douceur (…) nous qui avons renoncé à tous les plaisirs du corps pour gagner Jésus-Christ, serait-ce que mêlés aux nations étrangères nous adorions encore les idoles ?* »

Dans le texte célèbre du *Liber ad milites Templi* (Livre à la Milice du Temple), il écrit dans une envolée enflammée : « *Dites-moi, pauvres moines (…) dans le Saint lieu que vient faire l'or ? (…) L'église scintille de tous côtés, mais le pauvre a faim. Le curieux trouve à se satisfaire, mais le misérable ne trouve pas à manger (…). Dans les cloîtres devant les frères qui lisent, que font ces monstres ridicules* (sur les chapiteaux), *que font ces singes immondes, ces lions féroces, ces monstrueux centaures ? (…) Pour Dieu ? si vous n'avez pas honte de tant de sottises, que ne regrettez-vous tant de dépenses ? »* C'est une magnifique diatribe qui hausse Bernard de Clairvaux au rang des grands polémistes de l'Antiquité.

Ce que Bernard voulait, c'est un art dépouillé, apaisant, qui soit l'image de la pauvreté de l'Ordre et de sa simplicité, et qui ne détourne pas l'attention du seul Dieu. Un des premiers traités de Bernard, *Apologia ad Gulielmum* (Apologie à Guillaume de Saint-Thierry), écrit entre 1123 et 1125, est un essai qui fixe ce que doivent être les éléments de l'esthétique cistercienne. Ce que demande Bernard, ce n'est que l'application stricte du principe enseigné au Moyen Âge : la dévotion doit se pratiquer sans être stimulée ou distraite par des éléments extérieurs. Partant de là, Bernard de Clairvaux sera le promoteur d'un plan-type de monastère qui sera repris dans tous les autres grands « moutiers » cisterciens, et dont nous avons aujourd'hui le magnifique exemple dans les abbayes du Thoronet ou de Fontenay, pour ne citer que les plus connues.

À ce don d'artiste, Bernard joignait aussi celui de musicien. Il a patronné la réforme du chant cistercien et il a lui-même composé un office liturgique et des mélodies. De même qu'il avait son point de vue particulier sur l'architecture, il en avait un aussi sur le chant. *« S'il y a du chant, écrit-il, qu'il soit plein de gravité, ni lascif, ni rude, qu'il soit doux sans être léger, qu'il charme l'oreille afin d'émouvoir le cœur. Qu'il soulage la tristesse et calme la colère. »*

Mais Bernard est avant tout ce théologien mystique dont Étienne Gilson nous a fait percevoir toutes les dimensions dans son ouvrage *La théologie mystique de saint Bernard*, qui est la plus belle initiation à la pensée du saint. Sa théologie pratique prend ses sources dans la Bible et dans les Pères de l'Église. Toutefois, il y ajoute une expérience qu'il puise dans les rapports de l'homme avec Dieu. Ce n'est pas qu'un spéculatif, il est aussi un pragmatique qui connaît bien ses disciples et ses lecteurs. Il a un sens aigu de la personne humaine, à quoi s'ajoute l'affirmation de sa liberté individuelle. Il est un contemplatif, mais tourné vers l'action, et c'est dans la contemplation qu'il puise les ressources nécessaires à ses actes.

Le fruit de tout cela s'exprime dans ses innombrables écrits. D'abord plus de cinq cents lettres adressées à des correspondants dans l'Europe entière et portant sur la doctrine, les affaires temporelles ou spirituelles, ou simplement sur l'amitié. Il y aura ensuite environ trois cent trente sermons qu'il prononcera dans les circonstances les plus diverses. Son grand ouvrage, commencé en 1135 et auquel il travaillera pendant dix-huit ans, sera une série de quatre-vingt-six sermons sur le *Cantique des Cantiques*, dans lesquels il abordera tous les sujets : la condition de l'homme, la formation de ses religieux, l'hérésie, l'Église, aussi bien que des sujets plus familiers comme, par exemple, la mort de son frère. Les plus importants porteront sur des problèmes d'envergure, comme le lancement de la Seconde Croisade ou la création de la Nouvelle Milice de Dieu : les Templiers.

Il y a enfin les traités magistraux destinés à l'enseignement et à la formation de ses disciples : *Des mœurs, L'Apologie, De l'amour de Dieu, Sur la grâce et le libre arbitre*. Son œuvre maîtresse sera la traité *De la considération*, adressé au premier personnage de la Chrétienté, le pape Eugène III, qui avait été son disciple à Clairvaux.

Ainsi, formé à l'école de Cîteaux et d'Étienne Harding, Bernard va devenir à son tour, en quelques années, le formateur de ses frères en religion et le conseiller des principales autorités de son temps. Pour reprendre une expression déjà employée, il va être la conscience éclairée du XIIᵉ siècle.

Bernard de Fontaine reçut tout de suite de hautes responsabilités puisque trois ans à peine après son entrée à Cîteaux, Étienne Harding le désigna pour prendre la tête de la nouvelle fondation de Clairvaux. Il restera abbé jusqu'à la fin de ses jours, abbé, c'est-à-dire père, responsable des centaines de moines qu'il aura sous sa direction. Toute son œuvre est fonction de cette responsabilité, qui s'étendit de son Ordre à l'Église et au monde entier.

Clairvaux, c'est toujours là qu'il revient entre deux voyages. C'est vraiment la maison où il retrouve toujours avec joie ses fils préférés. C'est dans la plénitude de sa vie à Clairvaux qu'il faut le saisir pour comprendre l'extrême richesse de cette personnalité, qui suscita en son temps bien des enthousiasmes, mais aussi bien des agacements et des critiques. Il personnifie véritablement l'Ordre de Cîteaux.

Sa personnalité, son enthousiasme attirent de plus en plus de monde à Clairvaux. Cet aristocrate, qui est un homme de tradition, un produit de cette société hiérarchisée dans laquelle les trois ordres, ceux qui prient, ceux qui combattent et ceux qui travaillent doivent rester à leur place, cet homme sait s'adapter aux nouveaux modes de vie d'un corps social en évolution. Il paie lui-même de sa personne, donnant l'exemple d'une vie religieuse à l'opposé de tous les extrêmes. C'est en cela que l'on reconnaît en lui un saint.

Clairvaux devient le modèle de l'Ordre. La gestion de Bernard, assisté de prieurs qui le remplacent en son absence, est exemplaire. Le petit territoire du Val d'Absinthe s'agrandit de nouvelles terres et de vignes, qui, bien mises en valeur, contribuent à la prospérité matérielle du monastère. Le premier Clairvaux fait place à Clairvaux II, vaste ensemble monumental, véritable ville vivant en autarcie sous le gouvernement de son abbé. La seconde église de Clairvaux est construite autour des années 1135-1145 sur les ordres mêmes de saint Bernard. C'est le type de l'église cistercienne : plan en forme de croix, nef à dix travées avec collatéraux, vaste transept, chœur étroit et peu profond, et chevet plat dont on a voulu faire la caractéristique des églises cisterciennes.

Au XIe siècle, l'Europe, et particulièrement la France, commença à « se revêtir d'un blanc manteau d'églises ». L'Ordre de Cîteaux, tout au long du XIIe siècle, continua ce mouvement. Clairvaux essaima et fonda Trois-Fontaines, Igny, Fontenay, sur lesquelles elle exerçait une influence directe. Par ailleurs, elle crée des liens avec d'autres abbayes qui ne dépendaient pas directement d'elle. De partout, on consultait Bernard sur la création de nouveaux monastères. Son influence débordait la France et atteignait l'Allemagne, l'Italie, l'Angleterre. Certaines abbayes prenaient le nom de l'abbaye mère, comme Chiaravalle à Milan, Chiaravalle delle Colomba, près de Plaisance. Des abbayes d'obédience clunisienne demandaient à être affiliées à l'Ordre de Cîteaux, comme Hautecombe sur le lac du Bourget. Trois ans après la création de Clairvaux, en 1118, le nombre de ses abbayes filles se monte à cinquante-cinq. En comptant les monastères qui dépendent d'elle en 1153, l'ensemble représente cent soixante maisons, avec environ sept cents profès et novices. En somme, une véritable petite congrégation issue de Clairvaux dans l'Ordre.

Il ne faut pas oublier également que son œuvre de fondateur compte de nombreux couvents de moniales. Jully, un des premiers monastères, reçut sa sœur Hombeline comme prieure. Sa charte de fondation indiquait que « *les religieuses mèneront la vie commune, elles procureront nourriture et vêtements au moyen de leur dot. Elles ne devront avoir ni serviteurs, ni servantes, ni églises, ni dîmes, ni fermes* ».

C'est Bernard qui orchestra tout cela et qui fit figure en quelque sorte, aux côtés de l'abbé de Cîteaux, de véritable chef de l'Ordre. Son autorité se manifestait partout : sur le plan de la gestion et de l'organisation des abbayes, sur le plan spirituel pour la formation des novices, des moines profès et même des convers. Dans ses sermons et ses lettres, il leur inculque et leur répète ce que doit être la vraie vie monastique. « *Ayez pitié de vos âmes, mes frères (...) que le souvenir de vos fautes ne vous fasse pas hésiter, car où le péché abonde, la grâce a surabondé, que l'austérité même de la pénitence ne vous effraie pas.* » (*De la Conversion*, 12) « *Contre la chair qui veille, la rigueur de la discipline, contre la délectation des péchés anciens, une lecture assidue de l'Écriture* » (*Sermons*).

Bernard est constamment harcelé à Clairvaux par les hôtes, les solliciteurs qui viennent lui demander conseil, ou le voir par simple curiosité : « *Il me faut répondre à une grande multitude de personnes appartenant à presque toutes les nations* » écrit-il. Avec ses novices, il a des attentions toutes maternelles. Il sait combien une vocation peut être fragile, aussi entoure-t-il ces jeunes gens de beaucoup de tendresse, ce qui n'exclut pas la fermeté quand elle est nécessaire. Il écrit à un jeune homme qui veut faire profession à Clairvaux : « *Que la rigueur de notre ordre n'effraie pas votre jeunesse, parmi les chardons et les épines de la vie notre bure vous paraîtra douce (…). Le Christ vous tiendra lieu de mère.* » (Lettre 322).

La première vertu qu'il exige de ses fils est l'humilité. L'humilité rend le moine plus malléable et lui permet d'accepter beaucoup d'exigences de la part de son supérieur. La voix du salut passe par la pénitence et la mortification, une fois que le moine est engagé dans cette route, il ne peut faire machine arrière sous peine de se rabaisser. On ne peut pas en quelque sorte rétrograder. Bernard a horreur des moines qui, sous prétexte qu'ils ne supportent pas la règle exigeante de Cîteaux, demandent à entrer dans des monastères moins austères. Il est persuadé que la réforme cistercienne est aussi celle de l'Église tout entière. C'est pour cela qu'il impose la règle absolue du silence, pas de paroles inutiles qui dissipent l'âme, on communique par des signes, seuls l'abbé et le père maître peuvent s'adresser aux moines par le langage. On ne peut pas dire qu'il « dore la pilule », qu'il cache la vérité à un candidat moine. Dès qu'il a pris sa décision, le jeune homme doit tout rejeter, famille, amis, position sociale : « *Je ne puis vous accorder aucun délai, venez à Clairvaux (…). Vous deviendrez plus blanc que la neige et votre jeunesse sera renouvelée comme celle de l'aigle.* » Il n'a pas de paroles assez dures pour que les liens qui lient le postulant au monde soient rompus. Un jeune novice écrit à ses parents, sous son inspiration : « *Qu'y a-t-il entre vous et moi ? Ce que je tiens de vous ? Mon corps seulement, c'est-à-dire ma misère, conçue, puis nourrie dans le péché.* »

Le temps de Bernard au monastère est surtout consacré à la

formation de ses moines. Compte tenu de sa santé déficiente, il ne peut exécuter de gros travaux, alors il enseigne. Les exhortations et les leçons ont lieu le plus souvent le matin, après l'office, et le soir au moment du rassemblement de la communauté avant le coucher. Ce ne sont pas de longs discours, mais quelques paroles brèves, une sorte de nourriture spirituelle, faisant suite à la nourriture matérielle que le moine vient de prendre. Il ne faut pas lasser l'attention de l'auditeur.

Le discours se fait souvent en plusieurs épisodes, la suite au prochain numéro, le lendemain. Les moines sont là, écoutant leur père, suspendus à ses paroles. Ce n'est pas une assemblée de mystiques, les contingences de la vie quotidienne les rappellent à la réalité. C'est Bernard lui-même qui, pris de douleurs d'estomac, interrompt son sermon, c'est quelque vieux moine qui s'endort et se fait rappeler à l'ordre par l'orateur, ce sont des profès qui n'adhèrent pas toujours la parole du maître et qui protestent. Alors Bernard se met en colère et lance :

« Quels sont ces grognements insolites ? »

L'assistance ou quelque secrétaire notaient par écrit les sermons. C'est de cette sorte que nous sommes mis au courant de la vie de Clairvaux, car les écrits renferment des images inspirées du quotidien des moines, de leur travail dans les champs ou dans la maison, du déroulement des offices, même de la façon dont les aliments sont cuisinés. On apprend par exemple qu'un menu de Pâques se compose de pain d'avoine, d'herbes cuites et de quelques légumes, fèves et pois, le tout accompagné d'un doigt de vin. Pour bien se faire comprendre et ne pas lasser son auditoire, Bernard avait recours à sa brillante imagination, il inventait des histoires, il reprenait des paraboles, il mettait en scène des personnages, par exemple la cohorte des Anges accueillant le Seigneur lors de son Ascension, ou l'Épouse qui invite l'Époux au repos, et pour l'attirer lui vante les douceurs de la chambre.

Ce que l'on peut dire et retirer de cet enseignement, tel qu'il l'a lui-même mis en écrit et tel qu'il a été rapporté par ses moines, c'est qu'il y avait un fond d'humanité très grand. Il était exigeant, mais il connaissait la nature de l'homme, son gouvernement n'avait rien d'arbitraire, d'absolu ou de tyrannique. Il savait avoir la sévérité d'un père, mais il tempérait cela par une douceur toute maternelle. La meilleure preuve est celle qu'il donne lui-même en écrivant à tel supérieur de monastère en faveur de religieux fautifs ou fugitifs : « *Je t'en prie donc*, écrit-il au moine Alard qui avait chassé un novice, *ce que ce frère n'a pu obtenir de toi par ses propres prières, qu'il l'obtienne au moins par les nôtres, étant venu les chercher de si loin* » (Lettre 414).

Bernard est donc toujours sur la brèche pour former les religieux qui se sont confiés à lui. Il ne ménage ni son temps, ni ses efforts, ni son cœur. Il les forme, et il se forme lui-même, car c'est dans cette activité pédagogique qu'il trouve les éléments et les forces qui vont lui permettre d'affronter, non plus le monde clos des cloîtres, mais le vaste théâtre de la Chrétienté.

BERNARD ET SON TEMPS

L'action de saint Bernard, en dehors de Clairvaux, se situe sur deux plans. Elle concerne d'abord l'expansion de l'Ordre, ensuite les rapports qu'il eut avec les pouvoirs civils et religieux, marquant par là toute la vie sociale et politique de son temps.

Bernard n'a pas été le fondateur de l'Ordre de Cîteaux. Mais il en a largement assuré l'essor.

Déjà l'abbaye de Cîteaux elle-même avait créé l'embryon de l'Ordre en fondant les quatre abbayes filles majeures : La Ferté (1112), Pontigny (1114), Clairvaux et Morimond (1115). Les fondations reprirent à partir de 1118 avec la création de l'abbaye de Preuilly, dans le diocèse de Sens. La renommée de Cîteaux atteignait non seulement les milieux religieux, mais aussi les laïcs, ce qui incitait les seigneurs – et non des moindres comme le comte de Champagne ou le comte de Blois –, à faire don de terres aux nouveaux moines. Les évêques eux-mêmes – celui d'Orléans, l'archevêque de Vienne, futur pape Calixte II – appuyaient ce mouvement. Si bien que le territoire juridictionnel de Cîteaux s'étendit au-delà de la Bourgogne et de la Champagne pour atteindre les régions de la Loire et le Dauphiné. Clairvaux et Bernard lui-même participèrent à ce grand mouvement d'expansion.

L'évêque de Châlons-sur-Marne, Guillaume de Champeaux, ayant demandé à l'abbé de Cîteaux de lui envoyer quelques moines, Bernard fut chargé de la réalisation de ce projet. Le comte de Champagne offrit la terre et l'abbaye de Trois-Fontaines fut ainsi créée en 1118. Pontigny, à son tour, puis Morimond fondèrent leurs abbayes filles. L'année 1119 vit la fondation de Fontenay, sous la filiation de Clairvaux. L'église fut consacrée par l'évêque d'Autun et les bâtiments conventuels se construisirent petit à petit. Ils feront de Fontenay un des chefs-d'œuvre de l'art cistercien. Le sud de la France fut atteint par l'essor de Cîteaux. C'est à Cadouin, près de Sarlat, qu'en 1114 des religieux venus de Pontigny s'installèrent dans un ancien ermitage occupé par d'autres moines. Ce fut le premier couvent incorporé, comme l'on dit, à l'Ordre cistercien. Aujourd'hui encore, on peut admirer la magnifique abbatiale de Cadouin et son cloître.

À leur tour, les abbayes filles eurent des enfants, petites-filles de Cîteaux, de sorte que l'Ordre dans les années 1120-1130 se trouvait à la tête d'un ensemble de seize abbayes, toutes autonomes administrativement, mais unies à l'abbaye mère par les liens de charité et d'obéissance à une même règle.

C'est l'œuvre d'Étienne Harding, qui commença à structurer cette organisation et à faire d'une congrégation aux règles encore assez lâches un ordre véritable, l'Ordre cistercien. L'abbaye mère cessa d'être appelée le Nouveau Monastère. Elle devint officiellement Cîteaux, chef et mère de l'Ordre, avec à sa tête un abbé primat qui avait juridiction sur toute la congrégation. Déjà, pour bien se distinguer des moines bénédictins traditionnels, les nouveaux religieux avaient abandonné l'habit noir pour la tunique blanche revêtue du scapulaire noir.

Autre caractéristique du nouvel ordre : ce fut en ces années 1120 qu'apparurent les premiers convers, plus particulièrement chargés des travaux ruraux que les moines profès ne pouvaient assurer faute de temps. Le statut qui leur fut assigné quelques années plus tard fit de cette catégorie de moines une création tout à fait originale par rapport à ce qui existait ailleurs, chez les Prémontrés et les Chartreux par exemple, qui employaient de simples domestiques laïcs, sans statut religieux.

L'évolution de ces fondations ne va pas sans heurts. Certaines abbayes connaissent des difficultés à leur début et végètent. Parfois les donateurs se rétractent et veulent récupérer leurs terres. Bernard intervient à maintes reprises et, par, son ardeur, sa ténacité et les relations qu'il entretient avec seigneurs et évêques, rétablit des situations souvent compromises. Il affirme sa personnalité en ces années, et se révèle petit à petit comme un véritable chef d'entreprise et un meneur d'hommes. Clairvaux ne supplante pas Cîteaux, mais se montre le nouveau « leader » de l'Ordre, reconnu comme tel par les autorités ecclésiastiques et monastiques.

Jusqu'à la mort d'Étienne Harding, la liste est longue des fondations qui s'échelonnent de 1120 à 1133. On ne peut les citer toutes. De nombreuses abbayes sont créées en Italie, en Bavière, en Rhénanie, en Autriche, en Suisse, en Angleterre. Parmi les plus connues, qui auront un avenir prospère, on peut mentionner Tiglietto en Ligurie, fille de La Ferté, Ebrach en Bavière, fille de Morimond, Ourscamp, Igny en Champagne, Fountains en Angleterre, Casamari en Italie, toutes quatre filles de Clairvaux, Tinter et Waverly en Angleterre, filles de L'Aumône, petites-filles de Cîteaux, Fitero en Espagne, fille de l'Escaladieu et petite-fille de Morimond, qui sera à l'origine de l'Ordre de Calatrava.

L'Ordre comptait en 1133 soixante-dix abbayes, filles ou incorporées. Le premier monastère de Cisterciennes avait été fondé à Jully en 1113. En France, les maisons de l'Ordre couvraient surtout la Bourgogne, la Champagne, leurs terres d'origine, puis l'Alsace, l'est de la France et la vallée du

Rhône. Elles étaient moins répandues dans la région de l'Ile-de-France et dans le Nord. La descendance la plus prospère venait de Clairvaux et de Morimond. Composé à l'origine de quelques ermites qui voulaient vivre une vie bénédictine stricte, l'Ordre de Cîteaux était devenu l'ordre religieux le plus important et le plus puissant d'Europe. Leur moment de gloire survint lorsqu'un moine de Clairvaux, ancien disciple de Bernard, fut élu pape en 1145 sous le nom d'Eugène III. Il appellera Bernard à le conseiller sur les affaires de la Chrétienté, et surtout sur le grand événement du moment : la Seconde Croisade. Mais Bernard n'avait pas attendu cette consécration pour être mêlé aux affaires du monde.

BERNARD ET LE GOUVERNEMENT DE L'EUROPE

L'abbé de Clairvaux était rapidement devenu l'homme vers lequel convergeaient tous les problèmes politiques et religieux de son époque.

Deux grands événements avaient marqué le XIe siècle. D'une part, sur le plan politique, la querelle entre l'empereur germanique Henri IV et le pape Grégoire VII, querelle que l'on a appelée la Querelle des investitures. D'autre part, la réforme entreprise par le même pape Grégoire VII dans le domaine religieux.

L'Église, en sacrant Charlemagne en l'an 800, avait rétabli l'Empire d'Occident. Elle avait cru pouvoir élever une protection face à l'Empire oriental de Byzance, héritier du vieil Empire romain. Mais les empereurs qui succédèrent à Charlemagne, surtout ceux de la dynastie des Ottons, n'eurent pas toujours les mêmes égards envers le souverain pontife que le premier Carolingien. La papauté s'affaiblissait tandis que l'Empire germanique montait en puissance. Possesseur de fiefs impériaux mis à la disposition des évêques et des abbés, l'empereur avait tendance à élargir ses droits et à déborder sur ceux de l'Église. Ce fut l'origine de la lutte du Sacerdoce et de l'Empire, qui marqua profondément le XIe siècle. Elle atteignit son point critique lorsque le Bénédictin Hildebrand fut élu pape en 1073 sous le nom de Grégoire VII (1073-1085). La querelle commença en 1075 lorsque le pape interdit à tous les princes de l'Occident de donner l'investiture des dignités ecclésiastiques. Pour préserver les droits de l'Église et l'émanciper de la tutelle de l'empereur, Grégoire VII entra en conflit avec Henri IV. Il lui signifia que l'investiture des fiefs ecclésiastiques ne pouvait être donnée par un laïc pour la raison qu'il ne possédait pas le don du Saint-Esprit. Après maintes péripéties, l'empereur, qui avait été excommunié, fut obligé de capituler et de se soumettre à Grégoire VII à Canossa le 28 janvier 1077. On connaît la scène célèbre. Le pape laissa attendre Henri IV devant la porte du château par un froid rigoureux, pieds nus et habillé d'un seul manteau. Le quatrième jour, Grégoire VII fit ouvrir le portail et l'empereur vint se jeter aux pieds du pontife en implorant son pardon. C'est ainsi que la légende a embelli l'histoire.

Un concordat intervint plus tard : le concordat de Worms, signé entre le pape Calixte II et l'empereur Henri V en 1122. Le pape gardait l'investiture ecclésiastique « *par la crosse et par l'anneau* », tandis que l'empereur investissait l'évêque du fief attaché au siège épiscopal, symbolisé par le sceptre. On pensait que la querelle qui avait duré plus de cinquante ans était terminée.

Une nouvelle affaire allait rallumer un incendie dans l'Église : le schisme. Cet événement allait faire de Bernard de Clairvaux l'autorité spirituelle à laquelle on aurait dorénavant recours.

En février 1130, le pape Honorius II mourait à Rome. Le chancelier de l'Église, Aimeric, réunit une commission de huit personnalités ecclésiastiques, par laquelle il voulait faire élire le nouveau pape, cherchant de la sorte à éviter les troubles qui se produisaient fréquemment lors de l'élection des pontifes. Parmi les membres de la commission se trouvait le cardinal Pierleoni, fils d'un juif converti, qui s'opposait aux autres membres de la commission, partisans du cardinal de

Saint-Ange, du clan Frangipani. Pierleoni, voyant qu'il ne pourrait se faire élire, se retira avec un autre membre, le cardinal Jonathan, auquel se joignit un théologien éminent, Pierre de Pise. La commission réduite à cinq membres choisit le cardinal de Saint-Ange, qui prit le nom d'Innocent II. Mais le même jour, 14 février 1130, le cardinal Pierleoni parvint à se faire élire par la majorité du Sacré-Collège, à laquelle se joignirent des nobles romains et une partie importante du peuple de Rome. Cette élection se fit par acclamations à l'église Sainte-Marie du Transtévère. Le cardinal Pierleoni prit le nom d'Anaclet II, c'est-à-dire l'appelé. Devant cette situation qui semblait être le fait du peuple (*Vox populi, vox Dei*), le premier élu Innocent II, en position d'infériorité, prit peur et quitta la Ville Éternelle pour se réfugier dans le sud de la France.

Anaclet semblait donc être le pape légitime, installé au Latran, siège de son pouvoir, et maître de Rome. Chacun des deux papes, au demeurant, avait les qualités requises pour occuper le magistère suprême. Mais la situation était entachée d'irrégularités. La commission cardinalice mise sur pied par le chancelier n'avait aucune valeur canonique et juridique. Par ailleurs, Anaclet, soutenu par Roger de Sicile, un aventurier normand qui cherchait à conquérir le sud de l'Italie, pouvait passer pour un pape installé au pouvoir par des factions romaines. Du sang avait coulé à Rome le jour de son élection. D'autre part, sa réputation douteuse n'était pas à la hauteur de ses qualités politiques, face à un Innocent II plutôt soucieux des questions religieuses et spirituelles.

Innocent II débarquant en France, à Saint-Gilles-du-Gard, se présenta comme le seul pape légitime. Il remonta la vallée du Rhône et s'installa à Cluny, où il consacra la nouvelle abbatiale construite par Pierre le Vénérable. De là, il en appela au roi de France, Louis VI, et à l'empereur germanique Lothaire de Supplimbourg. Celui-ci hésitait à se prononcer. Louis VI réunit en octobre 1130, à Étampes, une assemblée d'évêques et d'abbés, dont Bernard de Clairvaux faisait partie. Déjà, dès septembre, celui-ci avait pris fait et cause pour Innocent II en arguant que le pape avait été légalement élu par la majorité des cardinaux-évêques selon le décret de Nicolas II de 1059. Il avait mis en avant la haute moralité du nouveau pape face à un adversaire plus contestable. Il avait même ajouté qu'il ne convenait pas qu'un descendant de juif occupât le trône de saint Pierre. L'assemblée ecclésiastique d'Étampes, conquise par la fougue et l'éloquence de Bernard, se prononça à l'unanimité pour Innocent II, et Louis VI le reconnut comme le pape légitime, bien qu'au début il eût penché pour Anaclet.

Grand succès pour Bernard, dont c'était la première manifestation publique. En faisant basculer le parti français du côté d'Innocent dont la présence à la tête de l'Église devenait incontestable, Bernard se manifestait comme une personnalité de premier plan dans l'Église.

Innocent II, fort de son succès et de sa légitimité, lança l'anathème contre son rival à Clermont-Ferrand, en novembre 1130. Il rencontra le roi de France à Saint-Benoît-sur-Loire. Bernard, de son côté, plaida la cause du pontife auprès des souverains qui n'avaient pas encore pris parti. Le roi d'Angleterre, Henri I, fils de Guillaume le Conquérant, reconnut officiellement Innocent II à Chartres en janvier 1131. L'empereur d'Allemagne, Lothaire, endoctriné par l'archevêque de Magdebourg, Norbert, fondateur des Prémontrés, se prononça à son tour pour Innocent. Il essaya de profiter de la situation pour arracher quelques concessions au pape sur la nomination des évêques. Mais Bernard veillait au grain et il remit les choses au point, si bien que l'empereur fit marche arrière et désormais ne fit plus aucune tentative sur cette épineuse question.

Le pape Innocent continua son séjour en France. À Rouen, il rencontra le roi d'Angleterre, Henri Beauclerc. À Reims, il présida un concile et visita Clairvaux, tout proche, reçu par son champion, l'abbé Bernard. La France, l'Angleterre, l'Allemagne se rallièrent à sa cause. Le duc Guillaume d'Aquitaine, réticent au début, se prononça pour lui. Enfin, c'est la péninsule ibérique, par l'intermédiaire des ambassadeurs de Castille et d'Aragon, qui pencha en faveur du pape légitime. L'Europe catholique occidentale avait pris parti pour Innocent II, qui, fort de cela, se préparait à repartir pour l'Italie où Anaclet se maintenait toujours en affirmant qu'il était le pape légitime.

Innocent II voulut témoigner sa reconnaissance à celui qui avait été son porte-parole et son champion auprès des souverains de l'Europe. Considérant que Bernard de Clairvaux avait été comme « un mur dans le schisme » il signa un décret le 17 février 1132 par lequel le Siège de Pierre prenait sous sa protection directe Clairvaux et ses filiales. Ce privilège déclarait les monastères exempts de toute juridiction épiscopale, et ne relevant que du Saint-Siège. Les abbés seront librement élus à l'intérieur de l'Ordre, les convers seront également soustraits à la juridiction séculière des évêques. Enfin, l'Ordre recevait une exemption générale de la dîme. La seule obligation pour les Cisterciens était d'assister aux conciles épiscopaux « dans l'intérêt de la foi ». Ce privilège de l'exemption consacrait l'œuvre de Bernard au regard à la fois de son ordre et de celui de la Chrétienté.

Ces dispositions énoncées, le pape rentra en Italie pour reprendre possession de son siège à Rome. L'empereur Lothaire lui avait promis de l'aider dans cette tâche. Il n'avait pas encore été couronné et il comptait bien qu'une fois Innocent installé à Rome, celui-ci procéderait à la consécration. Il en avait d'autant plus besoin qu'au sein de son propre camp il existait une opposition menée par son neveu, Frédéric de Souabe, qui deviendra plus tard l'empereur Frédéric Barberousse. Lothaire, avec l'aide d'une petite armée, reconquit au pape Innocent II quelques villes de l'Italie de l'Est, mais les grandes cités comme Milan, Florence, Venise maintenaient leur soutien à Anaclet. Innocent II, dans l'attente d'une situation plus favorable, s'installa à Pise. Il fit appel, une nouvelle fois, à Bernard de Clairvaux. En juin 1135, le pape réunit un concile auquel il convoqua de nombreux évêques et abbés, dont Bernard. Il s'agissait tout d'abord de réconcilier la république de Pise, acquise au pape, avec celle de Gênes, qui recevait des flottes siciliennes hostiles au pontife. Bernard fut chargé de cette négociation diplomatique. La rivalité des deux républiques était surtout d'ordre commercial : les comptoirs pisans étaient en conflit en Corse avec les marchands de Gênes. D'autre part, l'Ile de Beauté relevait de l'archevêque de Pise. En quelques jours, Bernard arriva au résultat escompté. Les deux villes signèrent un traité réglant les différends commerciaux et stipulant que Gênes serait élevée au rang d'archevêché. Les évêchés corses étaient partagés par moitié entre les deux républiques. C'était un incontestable succès pour Bernard et un accroissement de l'autorité d'Innocent II.

Mais le schisme persistait. Fort de son succès, le pape reprit le chemin de Rome. Il se heurtait à la résistance de Roger de Sicile, que l'antipape Anaclet avait fait roi. L'empereur non couronné Lothaire s'avança en Italie avec ses troupes et du coup, Anaclet prit peur. Il proposa, mais sans résultat, la démission simultanée des deux pontifes, suivie d'une nouvelle élection. Fin avril 1133, les armées impériales étaient arrivées devant Rome. Le 1ᵉʳ mai, Innocent II s'installa au palais du Latran, proche de la basilique Saint-Jean, mère de toutes les églises et symbole de la primauté du successeur de Pierre. L'antipape Anaclet, retranché dans le quartier du Transtévère, se prépara à la résistance, mais l'empereur ne fit rien pour l'en déloger. Il attendait que la situation mûrisse. Événement essentiel pour lui, il fut enfin couronné empereur par Innocent II, à Saint-Jean-de-Latran, le 4 juin 1133. Son but était atteint. Ensuite, prétextant que les affaires de l'Empire le rappelaient en Allemagne, il quitta Rome, laissant le pape privé de son soutien militaire. Ce dernier, sentant sa sécurité menacée, revint une nouvelle fois à Pise.

Bernard, qui était rentré à Clairvaux, vit que la situation était à nouveau compromise. Il reprit son bâton de pèlerin et de négociateur. À Bamberg, il réussit à convaincre Frédéric de Souabe, le compétiteur de l'empereur Lothaire, de se réconcilier avec celui-ci, ce qui entraîna l'adhésion immédiate des seigneurs allemands opposés à Lothaire. L'empereur, qui avait les mains libres en Allemagne, pouvait revenir en Italie pour y remettre de l'ordre.

La grande cité lombarde de Milan restait encore hostile à Innocent II. Bernard se rendit dans la ville pour y plaider la cause du pape. Il fut si persuasif que Milan se rendit à ses arguments : « *La plénitude du pouvoir sur toutes les églises de la terre a été donnée au Siège apostolique. Révérez donc dans l'Église de Rome votre mère et maîtresse.* » Milan se soumit donc au pape. Le succès de Bernard fut tel que les Milanais voulaient l'élire archevêque. Il refusa et retourna à son cher Clairvaux, non sans avoir posé les fondations de la première abbaye cistercienne en Italie : Chiaravalle (1135).

En 1137, Innocent II, qui séjournait à Pise, fit une nouvelle fois appel à Bernard. Anaclet se maintenait toujours dans Rome et l'empereur hésitait à assiéger la ville. Il préférait porter la guerre dans le Sud où Roger de Sicile tenait pour Anaclet. L'empereur remporta des succès militaires, mais le pape Innocent revendiquait les territoires conquis comme relevant de la suzeraineté du Siège apostolique. D'où une nouvelle source de conflit et un nouvel appel à la médiation de Bernard.

Cette négociation était particulièrement ardue. Bernard était épuisé par le climat torride de l'Italie du Sud et, de santé fragile, il craignait de tomber malade et de mourir en terre étrangère, loin de Clairvaux. L'empereur Lothaire, âgé – il avait soixante-dix ans –, mourut en rentrant dans son pays. Bernard continua sa mission. Il rencontra Roger II devant qui il plaida la cause d'Innocent II. Après un premier refus, le roi de Sicile, dont la situation militaire n'était pas brillante, consentit à négocier et à engager la discussion. Il réunit une conférence de six canonistes qui devait débattre de la validité de l'élection pontificale. Bernard était l'avocat d'Innocent II, le cardinal Pierre de Pise le porte-parole d'Anaclet. C'était un de ceux qui avaient voté pour lui lors de l'élection de février 1130. L'abbé de Clairvaux réussit à convaincre Pierre de Pise de la juste cause d'Innocent et le rallia au pape légitime. D'autre prélats suivirent. Anaclet se retrouva pratiquement seul.

Le 25 janvier 1138, l'antipape mourut fort à propos. Dans

cette circonstance, Bernard ne fit pas preuve d'une grande charité envers son adversaire, qu'il traita de « *branche pourrie, sarment inutile, retranché de la communauté des fidèles, englouti par la mort et précipité au plus profond de l'enfer* ». La route semblait maintenant libre de tout obstacle et Bernard pouvait triompher : « *Le triomphe de l'Église est ma gloire et me fait relever la tête.* »

Les cardinaux opposés à Innocent II, soutenus par la famille Pierleoni, élirent un successeur à Anaclet. Il prit le nom de Victor IV. Cependant, conscient de la fragilité de sa cause, il vint trouver Bernard et le supplia d'intercéder pour lui auprès d'Innocent II, qu'il reconnaissait comme le seul pontife légitime. Le schisme était enfin terminé au bout de huit années de luttes. Bernard apparaissait aux yeux de la Chrétienté comme le restaurateur de l'unité. Le peuple romain, versatile, lui décerna le titre de Père de la Patrie, en reconnaissance de tous ses efforts pour la paix de l'Église. Le pape le combla de bienfaits pour son ordre. Il donna aux Cisterciens un couvent situé en dehors de Rome, sur la route d'Ostie. C'était le monastère des Saints-Vincent-et-Anastase-aux-Eaux-Salviennes. Il avait été bâti sur le lieu présumé du supplice de saint Paul en 69. La tête tranchée de l'Apôtre avait fait jaillir trois sources en rebondissant sur le sol, d'où le nom de Saint-Paul-Trois-Fontaines donné à cet endroit sacré. Les Cisterciens, venus de Clairvaux, s'y installèrent en 1140 et remirent en état ces terres marécageuses et insalubres. Bernard, en célébrant la messe dans une petite chapelle proche du monastère, eut une vision : le Purgatoire était ouvert, les âmes en sortaient et une échelle de lumière les conduisait au ciel. Cette petite chapelle fut appelée *Scala Coeli*, elle existe encore de nos jours.

En avril 1139, les querelles internes de l'Église étant terminées, le pape Innocent II ouvrit un concile œcuménique au palais du Latran. Revenant sur les dispositions qu'il avait prises en faveur des partisans de l'antipape Anaclet, il les destitua de leurs fonctions. Le cardinal Pierre de Pise était du nombre, il s'adressa à Bernard et celui-ci n'hésita pas à interpeller vigoureusement le pape : « *Si j'avais un juge devant*

*lequel je puisse vous citer, je vous ferais bien voir aujourd'hui
ce que vous méritez.* » On ne manœuvrait pas de la sorte celui
qui s'était fait le rénovateur de l'unité de l'Église. Ainsi, les
rapports entre le pape et l'abbé de Clairvaux allaient-ils
devenir plus difficiles. Bernard écrivit au pape : « *Que
l'Esprit de vérité vous enseigne à séparer la lumière des
ténèbres dans toutes vos œuvres, afin que vous sachiez
repousser le mal et choisir le bien.* »

En s'adressant ainsi au chef de l'Église, ainsi qu'à d'autres
prélats, Bernard devient véritablement la conscience de cette
Église. Passant par-dessus la tête du pape, il écrit aux évêques
directement. Comment s'étonner alors que les rapports entre
le Saint-Siège et l'abbé de Clairvaux se tendent. Il n'est du
reste pas plus tendre envers la Curie romaine, cardinaux et
prélats, qu'il tance et qu'il conseille souvent dans la façon
d'administrer les affaires de l'Église. Il ne perd jamais de vue
l'intérêt de son ordre et se fait la voix de l'institution qu'il a
contribué à réformer et à sauvegarder. L'archevêque d'York
n'ayant pas accordé toutes les facilités voulues pour la fondation d'un monastère cistercien, Bernard en appelle au pape
contre « *cet intrus* », qui continue d'occuper « *sa chaire de
pestilence* ». Le pape doit procéder par « *le glaive contre cette
fornication* ».

Innocent II mourut le 22 septembre 1142, après douze ans
d'un règne mouvementé. Bernard, reconnaissant pour tout ce
que ce pontife avait fait pour retrouver l'unité de l'Église, le
qualifia de « grand homme ».

Les rapports de Bernard avec les successeurs d'Innocent,
Célestin II et Lucius II, restèrent les mêmes qu'avec leur
prédécesseur. Il ne baissa pas sa garde. Il voulait à tout prix
assurer la primauté du Siège de Pierre et faire que l'Église fût
véritablement catholique, c'est-à-dire universelle.

Après les courts pontificats de Célestin II et de Lucius II,
l'élection d'Eugène III apparut comme une aurore radieuse à
Bernard. Le nouveau pape était de la famille cistercienne. Il
avait été le disciple de Bernard à Clairvaux. C'était véritablement son fils spirituel. Mais affection et communion d'idées

ne sous-entendent pas aveuglement, au contraire. Les liens entre le grand Cistercien et le nouvel élu seront confiants, mais francs et exempts de toute ambiguïté. Bernard saura le moment venu rappeler au pape ses devoirs et, s'élevant au-dessus de cas particuliers, traiter avec lui de ce qui représente à ses yeux la charge universelle de l'Église. C'est toute cette pensée qu'il exprimera dans son traité majeur : *De la considération*, qui invite le pape à « considérer » ce que doivent être ses devoirs et ses responsabilités.

Bernard de Clairvaux, gardien de l'Église et garant de son unité, c'est un des aspects de sa personnalité. Bernard de Clairvaux, champion de l'orthodoxie de la Foi, c'est l'autre visage du saint, qui ne peut être compris que par l'affaire Abélard.

Le schisme réglé, Bernard était rentré à Clairvaux, ne demandant qu'à retrouver sa tranquillité, la paix de son monastère au milieu de ses frères et à rétablir une santé quelque peu malmenée par tous ses voyages. Mais cette paix ne va pas être de longue durée.

Le XIIᵉ siècle, que l'on pourrait appeler le siècle de saint Bernard, a été une époque de grandes mutations dans les esprits. Des idées nouvelles apparaissent, en particulier chez les jeunes avides d'apprendre se fait jour un éveil de l'esprit critique. L'Université de Paris est créée, la Montagne Sainte-Geneviève se couvre d'écoles où enseignent des maîtres prestigieux et qui sont fréquentées par une foule d'étudiants.

Or, cet esprit de contestation, propre à toute époque de renouveau intellectuel, a le revers de la médaille. Les hérésies retrouvent leur virulence, en particulier l'une d'elle qui verra son épanouissement au siècle suivant : le catharisme. Les pouvoirs établis sont remis en question. L'Église est attaquée. Le schisme a montré quelle pouvait être la fragilité des institutions ecclésiales. La vie de certains de ses membres, les hauts prélats, les évêques, certains abbés est bien souvent en opposition avec les préceptes d'un Évangile qui prêche avant tout la pauvreté et l'amour du prochain. Saint Bernard lui-même a donné l'exemple et s'est élevé contre le mode de vie de certains membres de la hiérarchie : « *Et pourtant il m'est arrivé souvent de rencontrer des religieux qui, après s'être enrôlés dans le milieu du Christ, s'engagent de nouveau dans les affaires du monde et sont repris par les cupidités terrestres (…). Vous les voyez vendre leurs conseils aux riches, en venir peu à peu à désirer les biens qu'ils n'ont pas et à défendre hargneusement ceux qu'ils ont encore* » (Sermon 4 sur le *Psaume Missus est*).

Bernard, dans ses critiques, s'adressait directement aux personnes pour les amener à s'amender. Il en allait tout autrement de certains autres théologiens qui s'attaquaient à l'institution sur le fond, versant alors dans la crypto-hérésie. Bernard ne visait qu'à rétablir « *l'unité de l'esprit dans le lien de la paix* ». D'autres divisaient cette unité et amenaient la guerre. Parmi ceux-ci, le plus célèbre était Pierre Abélard.

Abélard était né à Nantes en 1079. Dès l'âge de vingt-deux ans, il ouvrit une école où il enseignait la philosophie. Sujet brillant, orateur ardent, ses cours attiraient à Paris des foules enthousiastes. C'est à cette époque-là qu'il eut une aventure passionnée avec Héloïse, nièce d'un chanoine de Notre-Dame de Paris, Fulbert. L'oncle, fou de rage, fit saisir Abélard une nuit par des hommes à gages et le fit mutiler. Abélard se retira à l'abbaye de Saint-Denis et Héloïse entra au couvent d'Argenteuil. Elle fonda plus tard l'abbaye du Paraclet. Quant à Abélard, il reprit ses cours à Paris.

L'affrontement se produisit en 1139 et 1140. Bernard avait déjà une réputation bien reconnue de défenseur de la Foi et de l'orthodoxie. On venait l'écouter de partout lorsqu'il se déplaçait à Reims, à Liège, à Châlons ou à Paris. Sa parole faisait autorité et s'imposait aux plus grands : roi, empereur, pape.

Abélard était à l'opposé de Bernard. Ce dernier est un mystique, qui affronte ses adversaires avec les paroles de l'Évangile. Abélard est un rationaliste qui tire son argumentation de la connaissance qu'il a des choses d'ici-bas, et de son raisonnement. Les deux hommes ne pouvaient qu'entrer en conflit.

Qu'enseignait Abélard à ses élèves ? Il ne nie pas le dogme, mais il veut le comprendre et l'expliquer. La Foi n'est pas un mystère, c'est une matière à discussion. Ce problème – et les questions qu'il posait – n'était pas nouveau. Abélard disait que croire avant de raisonner est la marque d'un esprit léger, la connaissance que nous pourrions avoir des éléments de la Foi en rapprocherait de nous les mystères. Il posait ainsi les bases d'une méthode critique et rationnelle appliquée aux textes sacrés.

Ce qui, à notre époque, est accepté, soulevait des questions essentielles au milieu d'un XIIᵉ siècle tout imprégné d'une foi, sinon naïve, tout au moins pour la grande majorité des gens, pure et exempte de toutes scories.

Entre 1120 et 1125, Abélard publia une *Théologie chrétienne*, et une *Introduction de la Théologie*, dans lesquelles il expose la matière de son enseignement. Une partie de celui-ci portait sur « l'Unité de l'Universel », c'est-à-dire sur le problème d'une essence qui ne varie pas dans la diversité de ses relations individuelles. Un autre point essentiel, et qui avait maintes fois fait l'objet de controverses depuis l'apparition même du christianisme, était la compréhension de l'union de l'humanité et du Verbe en Jésus-Christ : Jésus-Christ, vrai Dieu et vrai homme en une seule personne. On se posait aussi la question de savoir quelles avaient été les motivations profondes de la Rédemption. Toutes ces questions, qui avaient été la source des hérésies depuis la fondation de l'Église, ne cesseraient pas d'être posées dans les siècles suivants. Abélard ne partait pas en guerre contre la Foi, il restait chrétien, il acceptait la structure ecclésiale, mais il voulait éclairer cette foi. Si ses intentions – quoique en avance pour le siècle – étaient louables, la méthode employée était peut-être moins heureuse.

Bernard engagea le combat contre ce qu'il qualifiait de « saveur renouvelée d'Arius ». Guillaume de Saint-Thierry, abbé bénédictin, favorable à la réforme de Cîteaux, alerta Bernard dès 1139 pour l'avertir des erreurs que l'on attribuait à Abélard. Bernard rencontra ce dernier pour le connaître et discuter avec lui. Il rédigea en même temps le *Traité contre les erreurs d'Abélard*, longtemps attribué à Innocent II, et la *Lettre à la Curie romaine* : « *C'est à vous qu'il appartient d'enlever du royaume de Dieu toutes les occasions de scandale, d'en arracher les herbes folles et d'étouffer les germes de discorde.* ». L'essentiel des griefs reprochés à Abélard était dit lorsque Bernard écrivait : « *La raison humaine ne veut rien moins que tout embrasser par ses propres forces, et ne laisse rien à la Foi. Impuissante à ouvrir la porte scellée, elle la brise, et ce qu'elle n'a pas rencontré en chemin, elle le nie, dédaignant de le croire.* »

Abélard publia pour se défendre une *Apologétique*. En 1140, la polémique était à ce point intense qu'une réunion d'évêques à Sens fut jugée nécessaire pour organiser la confrontation entre Bernard de Clairvaux et Abélard. Mais celui-ci, comparaissant comme un accusé, refusa de se défendre et de parler, et il en appela au pape. Aussitôt l'abbé de Clairvaux écrivit à Innocent II et à la Curie lettre sur lettre en accusant son adversaire de vouloir ressusciter toutes les vieilles hérésies.

Le débat était dans la rue, femmes, enfants même y discutaient des saints mystères : « *Dans les rues, sur les places, il* (Abélard) *engage des discussions publiques au sujet de l'enfantement de la Vierge, du Sacrement de l'autel, des mystères insondables de la Trinité* » (Lettre 332). Qui invoque-t-on comme autorité en la matière, non pas le pape, mais Abélard ! Pour Bernard, c'était un état de choses intolérable. L'enseignement de la Foi doit être réservé à une élite préparée, tandis que les vues d'Abélard s'étendent au loin. Non seulement, il invoque les auteurs chrétiens anciens, mais bien au-delà des premiers Pères de l'Église, il va chercher les juifs et leur Thora inspirée, les païens de l'antiquité, dont certains ont eu la révélation du message à venir, les brahmanes hindous même. Bernard ironise : « *À force de nous montrer que Platon est chrétien, il devient tout païen lui-même.* »

Le débat s'amplifia lorsque Abélard aborda le problème de la grâce, qui resurgira trois siècles plus tard avec Luther. Pour Bernard, l'homme victime du péché originel est incapable de se sauver lui-même et de se libérer. Il lui faut être prévenu par la grâce. Pour Abélard au contraire, l'homme est naturellement bon, et le démon ne peut avoir une prise inéluctable sur lui. Dieu s'est incarné pour éclairer l'homme par sa parole et ses exemples, et pour lui manifester son amour par sa mort. L'homme, être bon, peut s'unir librement à la grâce, que la vie et la résurrection du Christ lui ont apportée. Toutes ces vues sont en formelle contradiction avec l'enseignement de Bernard, pour qui la grâce est essentiellement fugace, précaire et sans cesse à reconquérir. « *Fermez par le bâton cette bouche criminelle* », écrit-il à Innocent II. Abélard, voyant que tout effort est vain et que la Curie est prévenue contre lui, renonce à aller à Rome se défendre. Il s'arrête à Cluny où il est accueilli par l'abbé Pierre le Vénérable. Là, dans une atmosphère de paix et de recueillement, paternellement entouré par les moines de la Grande Abbaye, il s'apaise. Pierre le Vénérable, autre adversaire de Bernard, fait preuve avec le vieux maître d'une sollicitude toute fraternelle. Il l'installe dans un des prieurés de Cluny, à Saint-Marcel-les-Châlon, où Abélard finira ses jours deux ans plus tard en écrivant un commentaire des œuvres d'un grand Bénédictin, le pape Saint-Grégoire le Grand. Il avait auparavant fait sa soumission au pape.

Une fois de plus saint Bernard s'était montré le défenseur et le mainteneur de l'unité de l'Église en réduisant non plus une dissidence externe comme avec l'antipape Anaclet, mais une dissidence intérieure, qui aurait pu aller jusqu'à l'hérésie. C'est ce qui fait la grandeur de ce saint et permet de lui pardonner toute l'âpreté de son action, ses écarts de langage, la dureté du ton qu'il emploie lorsqu'il s'adresse à son adversaire. Bernard était un tempérament passionné. Sa passion ne s'exerçait pas contre un homme. Elle était transcendée par son unique objectif : l'unité de l'Église dans la foi, unité dont le garant est le pape.

À la même époque, cette unité était une nouvelle fois menacée par une hérésie déjà ancienne, et qui se propageait partout, en Italie, d'où elle passa en France et dans les pays rhénans. Il s'agit de l'hérésie cathare.

On a longuement discuté, et l'on discute encore pour savoir s'il s'agit d'une simple hérésie ou d'une religion autre que le catholicisme. Quoi qu'il en soit, les Cathares menaçaient les fondements mêmes de l'Église à la fois sur le plan du dogme et sur celui des mœurs. Le problème du Bien et du Mal que posaient ces nouveaux croyants est celui qui interpelle tout homme, et tout chrétien en particulier. Leur doctrine, issue de la Gnose ancienne et du dualisme, était en contradiction formelle avec l'orthodoxie de l'Église. Pour l'Église de Rome, dépositaire de la foi et de la doctrine de Jésus-Christ, Dieu est un en trois personnes, Père, Fils et Saint-Esprit. C'est l'homme qui par le péché originel s'est séparé de son Dieu créateur. Pour les Cathares, Dieu est en quelque sorte double. Il y a un Dieu du Bien et du Dieu du Mal. C'est une théorie que ne pouvait admettre l'Église romaine et le pape, d'autant plus que cette crise religieuse et morale se doublait d'une crise politique et sociale. Les nouveaux croyants, les Parfaits, dénonçaient les abus d'une société féodale hiérarchisée, le mode de vie d'un clergé, surtout d'un haut clergé, en contradiction avec une tradition apostolique de pauvreté et d'humilité. Cette nouvelle doctrine s'était surtout répandue dans le midi de la France et le Languedoc, domaine des comtes de Toulouse. Elle faisait des progrès de géant, bien acceptée par le peuple des villes et des campagnes, et soutenue sinon encouragée par les seigneurs locaux.

Un cri s'éleva : « *Capturez-nous les renards qui ravagent la vigne* » (*Cantique*, 11, 15). C'est Bernard de Clairvaux qui le proférait, alerté par un de ses correspondants rhénans. Une fois de plus, l'intrépide lutteur allait se mesurer à un adversaire à sa hauteur et pouvoir exercer ses talents de polémiste.

En 1145, le pape Eugène III, ancien moine de Clairvaux et fils spirituel de saint Bernard, vint en France pour prêcher la Seconde Croisade. Il constata que nombre de ces hérétiques étaient concentrés dans le Midi, et particulièrement dans la région d'Albi. C'est à partir de ce moment-là qu'on leur donna le nom d'Albigeois. Eugène III chargea son ancien maître de mettre de l'ordre dans toute cette population égarée.

Quoique malade, Bernard répondit à l'appel du pape et se mit en route au mois de mai 1145. Déjà plusieurs lettres sur cette épineuse question avaient été écrites, et il avait publié des sermons :

« *Je parle de cette vigne de Dieu qui emplit la terre et dont nous faisons partie : vigne immense que le Seigneur a plantée de sa main, rachetée de son sang, arrosée de sa parole, fécondée par sa grâce et son esprit (…). Je m'émeus de voir la multitude de ceux qui la ravagent (…). Le petit nombre de ses défenseurs et les obstacles qu'ils rencontrent (…). Ils* (les hérétiques) *jugent bon de cacher leurs mystères, quels qu'ils soient, à quiconque n'appartient pas à leur secte (…). Vous êtes les renards qui ravagent la vigne. Que l'on m'aide donc à vous capturer, que les anges eux-mêmes vous capturent, tout couverts que vous êtes, bêtes rusées, de votre injustice et de votre impiété.* »

Le ton était donné.

Bernard alla prêcher à Toulouse. Il y rencontra le comte Alphonse-Jourdain pour le persuader d'extirper l'hérésie de ses États. Sa prédication eut quelque succès, mais elle n'entrava pas le progrès des Cathares. Il était accompagné du légat du pape, Henri-Albéric, ancien abbé de Vézelay, promu cardinal-évêque d'Ostie. De Toulouse, ils partirent pour Albi, principal foyer de l'infection, où ils furent d'abord mal accueillis. Bernard prêcha dans la cathédrale d'Albi, celle qui précéda le célèbre monument de brique que nous connaissons aujourd'hui. Il attira des foules curieuses d'entendre un orateur aussi réputé et, à son habitude, il conquit son auditoire. Tous les assistants levèrent leurs mains en fin de sermon pour donner leur accord. Ce triomphe se produisit en la fête des saints Pierre et Paul, le 29 juin 1145. Mais ce ne fut que feu de paille. Bernard à peine parti, ses auditeurs et le peuple d'Albi revinrent à leur foi hétérodoxe.

Rentré à Clairvaux, Bernard écrivit aux Toulousains :

« *Nous rendons grâces à Dieu de ce que notre venue parmi vous n'a pas été inutile (…). Ainsi donc, très chers, pour-*

suivez-les (les hérétiques), *saisissez-les et ne vous arrêtez pas jusqu'à ce qu'ils périssent tous ou s'enfuient loin de votre pays.* »

Bernard n'avait pu entamer les progrès de la secte qui était promise encore à de beaux jours. Malheureusement, cette aventure se termina tragiquement. La persuasion n'ayant amené aucun résultat, il fallut avoir recours à la contrainte. Ce fut la fameuse croisade contre les Albigeois que lancera quelques années plus tard (1208) le pape Innocent III, et qui mit le Languedoc à feu et à sang.

Un autre événement donna à Bernard l'occasion d'intervenir dans la politique internationale. C'est l'affaire d'Arnaud de Brescia.

Arnaud de Brescia, originaire de cette ville de la Lombardie subalpine, était venu en France se former auprès d'Abélard. Tout imprégné des idées de son maître, il soutenait avec ardeur ses théories, ce qui lui avait valu d'être chassé de France et contraint de rentrer en Italie. Moine, il avait voulu se faire réformateur comme l'avaient été Étienne Harding et Bernard de Clairvaux, mais, beaucoup plus tribun qu'orateur, il se lança dans un véritable combat contre les mœurs des ecclésiastiques, la corruption qui régnait à Rome, le luxe des évêques et des hauts prélats. Arnaud en arriva même à contester le ministère sacerdotal. Ses prédications déclenchèrent une véritable révolte populaire qui contraignit l'évêque de Brescia à quitter sa ville.

Le pape Innocent II, l'accusant de subversion qui risquait de mettre en péril l'unité de l'Église et le magistère apostolique, le fit condamner en 1139 par le Concile du Latran et lui arracha le serment de cesser de prêcher et d'exercer une activité quelconque. Arnaud quitta l'Italie et revint en France, où il renoua avec Abélard. Le Concile réuni à Sens en 1140 condamna en même temps Abélard et Arnaud de Brescia. Une nouvelle fois, ce dernier fut obligé de fuir et il se réfugia à Zurich. Bernard de Clairvaux, qui était déjà intervenu au Concile de Sens contre Abélard et Arnaud, écrivit à l'évêque de Constance pour dénoncer l'hérétique :

« *Savez-vous qu'un voleur a pénétré dans la maison, non la vôtre, mais celle du Seigneur dont vous êtes un des gardiens ? Vous vous demandez qui je veux dire ? C'est Arnaud de Brescia... Veillez, je vous prie, à ce danger.* »

Arnaud, poursuivi, s'enfuit en Bohême, où il trouva un protecteur en la personne du légat pontifical, Guy. Séduit par sa personnalité, celui-ci l'admit parmi ses familiers et s'entremit auprès du pape pour préparer sa rentrée en grâce. C'est en vain que Bernard intervint auprès du pontife, qu'il estimait trop indulgent. Arnaud rentra dans la Ville Éternelle, et fit amende honorable aux pieds du pape, qui l'absout et lui imposa pour toute pénitence un pèlerinage aux basiliques majeures de Rome.

Cependant, repris par ses démons, Arnaud de Brescia continua son action. Il était aidé en cela par le vaste mouvement d'émancipation qui se manifestait en Italie et en Europe. Les villes voulaient s'affranchir de la tutelle des seigneurs laïques ou ecclésiastiques, et aspiraient à se gérer elles-mêmes par l'intermédiaire d'un corps communal. À Rome en particulier, le mouvement était intense. Le peuple, au souvenir de la grandeur des anciens Romains, secouait le pouvoir temporel du pape et rêvait d'établir une république. Arnaud de Brescia était bien placé pour prendre la tête de ce mouvement qui tourna bientôt à la révolte. Les Romains, guidés par lui, instituèrent un sénat révolutionnaire qui élit un patrice choisi parmi les membres de la famille Pierleoni de l'antipape Anaclet. Arnaud sépara l'Église de l'État, restaura la république romaine et les antiques magistratures, tribunats, questeurs, consuls. Il gouverna Rome ainsi pendant dix ans. Les bonnes intentions de réforme ecclésiastique étaient détournées de leur but et ne servaient maintenant de prétexte que pour établir un pouvoir civil dictatorial face à celui du pape. Le successeur d'Innocent II, Lucius II, donna lui-même l'assaut du Capitole, siège des révoltés, mais il fut tué par un projectile, le 15 février 1145. Le nouveau pape Eugène III jugea bon de quitter Rome et de se mettre en sécurité. Pendant plusieurs années, il fut obligé de mener une vie itinérante. Il revint même à Clairvaux, son monastère d'origine, où Bernard le reçut avec les égards affectueux d'un maître à son disciple. C'est à ce moment-là qu'il écrivit sa *Lettre aux Romains qui se sont ralliés à la cause d'Arnaud* :

« *Une grande douleur est venue jusqu'à moi, qui suis le moindre des membres de l'Église ; celle-ci souffre dans son chef, cette douleur est la mienne (…). Vous dépouillez le Siège apostolique de privilèges dont le Roi du Ciel, autant que les princes de la terre s'est porté garant (…). Vos pères ont fait de votre ville la dominatrice du monde, vous en faites un objet de risée (…). Réconciliez-vous avec l'Église des Saints qui sur toute la surface de la terre s'est scandalisée de la nouvelle de votre révolte.* »

Arnaud continuait cependant à se maintenir. Il tenta de mettre dans son jeu le nouvel empereur Hohenstaufen, Frédéric Barberousse, en conflit avec le pape comme ses prédécesseurs. Mais Frédéric ne se laissa pas séduire et se rangea du côté du pape, d'autant plus que celui-ci allait le couronner. Le nouveau pape Adrien IV avait mis la ville de Rome en interdit, les sénateurs effrayés étaient prêts à livrer Arnaud. Le matin même du couronnement, le 18 juillet 1155, Arnaud de Brescia fut pris par les soldats de l'empereur et étranglé dans sa prison. Sa dépouille fut livrée au bûcher et ses cendres répandues dans le Tibre. Ainsi avait vécu une éphémère république romaine qui essaiera de renaître deux siècles plus tard avec Cola Di Rienzi. Dans cette affaire, Bernard, mort avant le dénouement, avait eu sa part de succès.

Nous pouvons faire le point de ce qu'a été l'œuvre de saint Bernard sur le plan politique et sur le plan religieux.

L'objectif primordial de l'abbé de Clairvaux était de maintenir l'unité de l'Église dans la paix et la charité. Chaque fois que cette unité était menacée, soit politiquement, soit sur le plan du dogme, il était présent et anticipait même les réactions de la hiérarchie. Le moine réformateur, qui s'était attaché à redonner à son Ordre un esprit et des structures conformes à la règle de saint Benoît, voulait donner à la société politique et ecclésiale une organisation qui la mît à l'abri du schisme ou de l'hérésie. Il n'y parviendra pas toujours, mais il aura combattu pour cela. Dans l'esprit de l'époque, il ne pouvait qu'être approuvé par la majorité de ses contemporains. Peut-on dire qu'il ait eu une large vision de ce que devait être l'évolution du monde chrétien ? Assurément pas, mais les modernismes ont toujours été condamnés par l'Église, jusqu'à nos jours.

BERNARD ET LE POUVOIR POLITIQUE

Nous avons évoqué les interventions de saint Bernard dans les grands événements touchant l'Église et l'ordre international. Il eut aussi à prendre part à ceux qui concernaient le royaume de France et l'État capétien.

Le roi de France Louis VI, dit le Gros, avait été un des plus fermes soutiens du pape au moment de la Querelle des investitures, et s'était vu décerner le titre de « Fils aîné de l'Église » par le pontife. S'appuyant sur l'Église, et notamment sur l'Église de France, pour gouverner, il était néanmoins jaloux de son autorité, et ne laissait en rien empiéter par les clercs sur ses prérogatives. Un événement le montra bien.

L'abbaye de Saint-Denis servait depuis les temps mérovingiens de nécropole aux rois francs, puis à leurs successeurs les rois de France. Le roi était vassal de l'abbaye pour certains fiefs, le cri de guerre « *Montjoie-Saint-Denis* » retentissait sur tous les champs de bataille. L'oriflamme royale était gardée par les moines de l'abbaye.

L'abbé de Saint-Denis, Adam, mourut pendant qu'un des moines les plus éminents de cette communauté bénédictine, que l'on tenait pour le futur supérieur, se trouvait en Italie, envoyé en mission par Louis VI. Ce religieux, Suger, avait été le compagnon de jeunesse du souverain, son condisciple dans les écoles bénédictines et il était devenu son premier conseiller. Les moines de Saint-Denis crurent faire plaisir au roi en élisant Suger comme successeur du défunt abbé Adam.

Or, ils avaient négligé de suivre la procédure habituelle qui consistait à demander au roi la permission d'élire un nouveau chef. Le monarque, non seulement ne se montra pas satisfait de l'élection de son ami, mais il accusa les religieux d'empiéter sur ses prérogatives et en fit mettre quelques-uns en prison. En fait, il s'agissait d'une colère de principe destinée à montrer que le roi voulait rester le maître et ne pas subordonner le pouvoir politique, laïque, au pouvoir religieux.

Bernard de Clairvaux eut l'occasion d'intervenir maintes fois dans les conflits opposant le roi de France et les autorités ecclésiastiques. Une première fois, en 1127, il avait donné son avis, sans qu'on le lui eût demandé, dans l'affaire du Dapiférat. Le dapifer, ou sénéchal du royaume, était en quelque sorte le chef des armées françaises. La nomination à cette charge d'un clerc ambitieux, Étienne de Garlande, archidiacre de Paris, souleva la protestation de Bernard. Il représenta au pouvoir royal qu'il y avait incompatibilité entre des fonctions militaires et une charge ecclésiastique. Les remontrances de Bernard n'y firent rien et ne réussirent pas à convaincre le roi. Quelques années plus tard, Étienne de Garlande fut obligé d'abandonner ce poste pour lequel il était notoirement incompétent.

Un second conflit éclata, pour lequel Bernard se crut obligé d'intervenir. L'évêque de Paris, Étienne de Senlis, voulait réformer son chapitre et lui imposer la règle des moines de Saint-Victor. Les chanoines étaient contre cette réforme. Ils firent appel au roi qui leur accorda son soutien en interdisant à l'évêque de ne rien changer aux statuts canoniaux. En avait-il le droit ? Apparemment non.

L'évêque répliqua en mettant l'interdit sur tout le diocèse. La réponse de Louis VI ne se fit pas attendre : il fit expulser Étienne de Senlis de son siège. Bernard de Clairvaux, voyant l'ampleur que prenait l'affaire, intervint et écrivit une lettre comminatoire au roi. L'événement aurait pu s'envenimer encore si le pape Honorius II n'avait envoyé un légat qui réussit à conclure l'affaire à la satisfaction des deux parties.

Ce que l'autorité, les qualités et le sens réaliste de Louis VI avaient fait pour maintenir une bonne harmonie entre pouvoir civil et pouvoir religieux, l'avènement de son fils Louis VII, dit le Jeune, allait fortement le compromettre et fournir à Bernard l'occasion de se manifester à nouveau.

Louis VII, élève de Suger, n'avait pas, loin s'en faut, les qualités éminentes de son père. Il était faible de caractère et d'une piété formaliste. Son mariage avec la fille du duc d'Aquitaine, Aliénor, avait été préparé par Louis VI, dont ce fut certainement l'erreur politique majeure. Aliénor avait, en effet, une forte personnalité en tous points opposée à celle de son mari. Elle était volontaire, coquette et possédait une mentalité qui s'apparentait à ce que nous appelons aujourd'hui un libre penseur. Louis VII, très amoureux, fut tout de suite soumis à sa jeune épouse.

La principale escarmouche qui mit le roi aux prises avec l'abbé de Clairvaux concerna le conflit entre Louis VII et le comte de Champagne, Thibaut. Poussé par sa femme, le roi souleva le problème ancien des vues que le duché d'Aquitaine avait sur le comté de Toulouse, sous prétexte que les deux territoires n'en faisaient qu'un à l'origine. Le comte de Champagne, lié à la famille comtale de Toulouse, prit parti pour celle-ci contre le roi de France, son suzerain immédiat. Louis VII lui en voulut. Aliénor plus encore. Celle-ci en même temps manœuvrait pour pousser Raoul de Vermandois, sénéchal de France et époux d'une nièce de Thibaut de Champagne, à répudier sa femme pour épouser Pétronille, propre sœur de la reine. Le scandale fut immense. Le pape s'en mêla et le comte de Champagne, visé à travers sa famille, déclencha une guerre au cours de laquelle plus de mille personnes furent brûlées dans une église de Vitry, où elles s'étaient réfugiées. Cette opération joignait le sacrilège à la guerre civile. Le pape excommunia le roi de France. La guerre continua de plus belle. C'est alors que Bernard intervint. Il écrivit au roi :

« Dieu sait l'attachement que j'ai pour vous et le zèle que j'ai pour votre gloire (...). Satan seul a pu vous pousser à renouveler tous nos maux, à rallumer tant d'incendies, à

ajouter des homicides aux homicides. Ne cherchez pas à vous excuser en rejetant sur le comte Thibaut la responsabilité de vos malheurs (...). Les mauvais conseillers qui vous poussent à renouveler vos persécutions injustes ne cherchent pas en cela votre gloire, mais leur propre avantage, que dis-je ? l'avantage du démon (...). Je vous parle durement, mais c'est que je crains pour vous un châtiment plus dur encore » (Lettre 221). Effectivement paroles très dures s'adressant à un roi, mais paroles qui laissent transparaître le sentiment que le saint avait d'une juste cause au service de la paix et de l'amour de Dieu.

Le pape Innocent II ne se laissa pas convaincre et maintint son excommunion. Le conflit paraissait insoluble. Il fallut la mort du Saint-Père, le 24 septembre 1143, pour qu'on puisse entrevoir un espoir de règlement. Ce à quoi s'employèrent Bernard et Suger, qui joignirent leurs efforts. Ils attaquèrent par le point faible du roi, sa femme. Elle déplorait de ne pas avoir encore d'enfant. Bernard l'assura qu'elle cesserait d'être stérile si elle persuadait son époux de rétablir la paix. Ses vœux furent exaucés, mais elle ne donna naissance qu'à des filles. Quoi qu'il en soit, grâce aux efforts de Bernard et de Suger, le roi entendit raison et la paix fut rétablie en 1144.

Bernard de Clairvaux, restaurateur de l'unité de l'Église, mainteneur de la Chrétienté, garant de la politique du royaume de France ; un événement lointain allait lui donner l'occasion de parachever son œuvre. C'était la dernière grande aventure dans laquelle il se trouva engagé : la Croisade.

Bernard et la Croisade

Au moment où la Seconde Croisade va être lancée, où en est la situation de l'Orient latin ?

Jérusalem avait été conquise lors de la Première Croisade, le 15 juillet 1099, à la suite d'une épopée lancée par le pape Urbain II. « *Gesta Dei per Francos* », c'est ainsi que Guibert de Nogent qualifiait cette expédition. Elle était véritablement l'œuvre des Français. Le peuple aussi bien que les grands seigneurs y avaient participé. Sous le commandement du frère du roi de France, Hugues de Vermandois, y avaient pris part les comtes de Flandre et de Blois, les Lorrains Godefroy de Bouillon et Baudoin de Boulogne, le comte de Toulouse, les Normands d'Italie, conquérants de Naples et de la Sicile, tous conduits par le légat du pape, Adhémar de Monteil, évêque du Puy.

À la suite de la conquête de Jérusalem, un royaume franc avait été créé, dont le premier souverain avait été Godefroy de Bouillon, qui avait pris le titre d'Avoué du Saint-Sépulcre. Un certain nombre de principautés gravitaient autour de ce royaume de Jérusalem : comté de Tripoli, principauté d'Antioche, principauté d'Edesse. Pendant près d'un siècle, ces souverainetés franques en terre d'Orient prospérèrent avec des hauts et des bas, sans cesse menacées par les États musulmans voisins. Les Occidentaux s'étaient remarquablement assimilés à ces pays, les contacts entre chrétiens et musulmans étaient inévitables sur ces territoires où les civilisations s'interpénétraient. Les nécessités économiques et les intérêts commerciaux le commandaient. Seuls les impératifs politiques remettaient constamment en question cette cohabitation. Les deux religions ne cessaient de s'affronter.

Les États chrétiens avaient reçu en Terre Sainte une organisation féodale en tous points semblable à celle de l'Occident. Était-ce réaliste dans ces pays où les mœurs étaient différentes ? Des institutions avaient été créées pour maintenir l'ordre et assurer la protection des pèlerins : les Chevaliers de l'Hôpital en 1113, l'Ordre du Temple en 1119, tous moines-soldats qui seront beaucoup plus soldats que moines. Saint Bernard avait donné sa charte aux Chevaliers du Temple :

« *Une nouvelle chevalerie vient de naître parmi nous dans le pays même où jadis le Verbe de Dieu a pris chair (...). Les Chevaliers du Christ livrent en pleine sécurité le combat de leur Seigneur (...). Ils pratiquent l'obéissance dans la discipline (...), ils semblent n'avoir qu'une âme et qu'un cœur tant*

*ils savent renoncer à leur volonté propre et rester aveuglé-
ment soumis à leur chef* » (*Éloge de la Nouvelle Milice IV*).

Mais ces troupes d'élite n'avaient pas été assez fortes, ni
assez nombreuses pour contenir la poussée de l'Islam, avide
de reconquête. Contre cette menace qui se précisait, la
Chrétienté devait se mobiliser. Bernard y jouera une part
essentielle. Son enfance et sa jeunesse avaient connu de ces
problèmes d'affrontement entre christianisme et islam. La
noblesse bourguignonne avait été directement impliquée dans
la reconquête des terres chrétiennes en Espagne. Les
seigneurs des pays de Châtillon et de Montbard avaient participé aux expéditions montées contre les Maures dans la
péninsule ibérique. Elles avaient eu pour résultat de reprendre
les terres du nord et de repousser les mulsulmans dans le sud
de l'Espagne. C'est la dynastie bourguignonne des Avis qui
allait reconquérir la Lusitanie sur les Maures et fonder le
royaume du Portugal. Bernard avait donc entendu parler de
ces faits, lui-même considérait l'ordre qu'il avait contribué à
rénover comme une milice au service du Christ, les
Cisterciens se nommaient eux-mêmes « *Novi Milites Christi* ».

Vers le milieu du XIIe siècle, l'émir d'Alep, Zengui, se lança
à l'assaut de la principauté d'Edesse, qui gênait son expansion
par sa situation géographique. Le 28 novembre 1144, il s'empara d'Edesse et la mit à sac. Cet événement, profondément
ressenti par les autres États chrétiens d'Orient et par ceux
d'Occident – d'autant plus que la chute d'Edesse menaçait
une des clés de la puissance chrétienne, Antioche –, suscita
une réaction immédiate. Le prince d'Antioche, Raymond,
était l'oncle de la reine de France, oncle pour lequel elle avait,
disait-on, des sentiments beaucoup plus passionnés que
filiaux. Elle prit fait et cause pour son parent, entraînant du
même coup son mari désireux de complaire à une jeune
épouse sensuelle et entreprenante.

Louis VII, dont l'excommunication avait été levée, voulait
se racheter de ses fautes. La croisade en Terre Sainte lui en
fournissait l'occasion. Il décida donc de partir. Son conseiller
Suger, au contraire, n'encourageait pas le souverain à quitter

son royaume dont l'équilibre politique encore fragile nécessitait sa présence. Mais Louis VII passa outre et fit prêcher la croisade. Pour assurer une garantie incontestable à son projet, il demanda à l'abbé de Clairvaux d'intervenir. Celui-ci, dans un premier temps, se récusa, prétextant qu'il avait avant tout à s'occuper de son Ordre et de son abbaye. Il s'en remettait à la décision du pape Eugène III. Ce dernier, aux prises avec le mouvement insurrectionnel d'Arnaud de Brescia, hésitait à se lancer dans un nouveau dessein. Pendant plus d'un an, il ne prit aucune décision. Mais les instances et l'opiniâtreté de Louis VII vinrent à bout de ses résistances. En 1146, il publia une première lettre « *Universos Dei fideles per Galliam constitutos* », appelant les chrétiens de France à prendre la croix. Il désigna l'abbé de Clairvaux, son ancien maître, comme porte-parole de l'Église. Bernard fut donc bien obligé d'obéir à l'ordre du chef de la Chrétienté et de se rendre à l'invitation du roi de France. Le 31 mars 1144, il se trouvait à Vézelay, où Louis VII accompagné de son épouse avait convoqué ses barons et les hauts prélats de l'Église de France. La basilique était trop petite pour contenir la foule des fidèles qui se pressaient en ce haut lieu. Qu'importe : Bernard prêcha en plein air. Il lut tout d'abord la bulle pontificale qui l'accréditait comme le héraut de cette Seconde Croisade et dans laquelle le pape rappelait les circonstances qui avaient amené la situation actuelle : le sac d'Edesse, la profanation des saintes reliques, le danger couru par les autres établissements chrétiens en Orient. La bulle énumérait les avantages que les chrétiens pouvaient acquérir en participant à cette nouvelle croisade, la rémission de leurs péchés, l'assurance d'accéder à la vie éternelle. Puis Bernard prêcha. C'est à cette occasion que le génie du grand Cistercien éclata. Il sut trouver les accents pour faire passer dans la foule la notion que la défense de la Terre Sainte et l'amour de Dieu étaient une seule et même chose :

« *Voici que viennent, mes frères, des jours favorables au salut. Le monde entier s'est ému à la nouvelle que Dieu était sur le point de perdre sa patrie terrestre* (…). *La chrétienté d'Orient se trouve dans une situation si désespérée que celui de nous qui resterait insensible ne mériterait plus d'être appelé enfant de l'Église (...). Que le peuple chrétien s'en aille, abattant la puissance des royaumes sarrasins, convertir ces nations païennes et les faire bénéficier des mêmes trésors de grâce qui s'ouvrent à nos croisés. »*

La foule acclama l'orateur, les mains se tendaient pour prendre les croix de bois qui avaient été préparées. Saint Bernard lui-même déchira sa bure pour en tendre des morceaux aux fidèles. De nos jours, le site de la prédication de saint Bernard demeure en vénération, une plaque commémorative rappelle l'événement. Bernard pouvait rendre compte du succès de son entreprise au pape : « *Vous avez ordonné, j'ai obéi, l'autorité de celui qui me commande a rendu ma docilité féconde.* »

Le 12 mai, il récidiva à Toul pour enrôler la jeunesse de l'Est. Il multipliait les lettres aux évêques, aux seigneurs français pour parachever son œuvre. Il voulait étendre sa propagande à l'Allemagne, vaste réservoir potentiel. Il ne réussit qu'à demi, devant les résistances de l'empereur Conrad III qui hésitait à quitter son pays, mais qui décida de tenir une diète à Spire, à Noël. Bernard s'y rendit et y célébra l'office de la Nativité. Au cours de la messe, il eut une inspiration et s'adressa à l'empereur au nom du Christ :

« *Qu'ai-je dû faire pour vous que je n'aie pas fait.* » Conrad, oint du Seigneur, doit être l'élu de Dieu non seulement en ce qui concerne les affaires de l'empire, mais les affaires de Dieu. En revanche, paradoxalement, Eugène III ne l'entendit pas de cette oreille. Le départ de l'empereur le privait d'un soutien assuré au moment de l'affaire d'Arnaud de Brescia, qui l'empêchait de rentrer à Rome. Mais le pape fut obligé de s'incliner.

Le succès de l'enrôlement des seigneurs et du peuple pour la Seconde Croisade était bien l'œuvre de saint Bernard. Il avait prêché la cause du Christ en France et en Europe, il avait décidé l'empereur à se croiser. Après deux ans de prédications et de préparation l'armée des croisés se mit en marche.

Cependant, la Croisade échoua. Les troupes furent décimées par les Turcs avant d'atteindre la Terre Sainte. Les chefs militaires ne s'entendaient pas. En juillet 1148, la Seconde Croisade s'arrêta définitivement devant Damas. La déception fut d'autant plus vive pour Bernard qu'il s'était entièrement donné à cette entreprise : « *Lève les yeux Jérusalem, et regarde*, s'écriait-il dans *L'Éloge de la nouvelle milice, c'est pour pour toi seule que tous ceux-ci sont venus.* » La Croisade n'était même pas arrivée en vue de Jérusalem. L'illusion de Bernard fut de croire que la Croisade pouvait être l'occasion d'affirmer l'unité de l'Église. Il pensait pouvoir réunir les sièges depuis longtemps séparés de Rome et de Byzance. Les ambitions humaines prirent le pas sur les considérations spirituelles. L'empereur d'Orient, Manuel Comnène, se servait des Français pour assurer son pouvoir contre les Turcs. Le roi Roger de Sicile en profitait pour ravager les territoires byzantins de la Méditerranée orientale. La zizanie était dans tous les camps, et les Français étaient les premiers à ne pas donner l'exemple. Le scandale survint à Antioche par la reine Aliénor qui, non contente de passer son temps dans des cours d'amour plutôt que dans les camps militaires, menait avec son oncle Raymond une intrigue amoureuse qui ridiculisait son époux de roi.

C'est à l'occasion de cette Seconde Croisade que Bernard fut mêlé à une affaire qui menaçait de tourner au drame :

En Rhénanie, un certain Raoul, qui se disait cistercien, prêchait une autre sorte de croisade, celle contre les juifs, nombreux dans ces pays rhénans. Il avait déchaîné une véritable persécution. Le temps des croisades était pour les juifs un temps d'épreuve, l'accusation de déicide reprenait de plus belle. Bernard prit parti en leur faveur et rappela à l'évêque de Mayence les devoirs des chrétiens envers eux : « *Les Juifs ne doivent être ni persécutés, ni mis à mort, ni même bannis (…). Ils sont comme des lettres vivantes et qui nous représentent la Passion du Seigneur.* » Par l'ardeur de sa parole, il fit entendre la voix de l'Église, il s'imposa en quelques heures à Mayence et il réussit à retourner l'opinion publique et à arrêter les massacres. Un membre éminent de la communauté juive de la ville, Rabbi Joseph ben Joshua ben Meïr, l'en remercia vivement et il lui donna le titre de « Juste ».

Terminant le périple européen qu'il avait entrepris pour prêcher la Seconde Croisade, Bernard revint à Clairvaux début février 1147. Le 16 février il était de nouveau sur la brèche, appelé à une assemblée à Étampes. Le roi Louis VII, qui allait se croiser, avait réuni ce que l'on a appelé le Parlement d'Étampes, destiné à pourvoir au gouvernement du royaume pendant une absence qui s'annonçait longue. Cette assemblée nomma un conseil de régence composé de Suger, qui en était le chef, du sénéchal de France Raoul de Vermandois et de l'archevêque de Reims. Pratiquement, la charge du gouvernement incombait à Suger. L'abbé de Saint-Denis avait fait ses preuves dans l'administration spirituelle et matérielle de son abbaye. Il bénéficiait d'un très grand prestige auprès de la noblesse et du clergé. Il allait se montrer un gestionnaire avisé des affaires du royaume. Sa désignation avait été le résultat des démarches de Bernard, qui exerçait une sorte de tutelle spirituelle et morale sur la France. Ce choix s'avéra heureux puisque la façon dont Suger s'acquitta de sa tâche pendant les années d'absence de Louis VII et d'Aliénor a été unanimement louée par les contemporains et la postérité.

Une fois de plus, l'abbé de Clairvaux était intervenu avec succès dans les affaires publiques, mais il était partagé par la dualité qu'il avait en lui du moine voué au détachement et à la contemplation et de l'homme public appelé sans cesse par l'Église ou les pouvoirs politiques.

BERNARD ET EUGÈNE III

Une part importante de la vie de saint Bernard a été marquée par ses rapports avec la papauté et surtout avec le pape qui fut le plus cher à son cœur, son disciple, son fils : Eugène III.

En 1138, à l'époque où Bernard luttait pour faire reconnaître Innocent II contre l'antipape Anaclet, il avait ramené de Pise – où résidait le pape – à Clairvaux, un jeune seigneur, le vidame de Pise, Bernard Paganelli. Ce jeune homme avait fait profession à l'abbaye et était devenu un moine exemplaire, se pliant à la Règle en toute humilité. Lorsque l'abbaye de Saint-Paul-Trois-Fontaines avait été fondée à Rome, Bernard avait mis à sa tête son disciple italien. Celui-ci, peu sûr de lui dans sa nouvelle charge, écrivait à son maître spirituel pour lui dire ses craintes, ses doutes et surtout la nostalgie qu'il avait de Clairvaux. Les lettres à Bernard exhalent ces sentiments d'affection filiale que lui inspirait son père spirituel, dont « la douce voix », et le « visage plein d'éclat » lui manquaient cruellement.

Les papes se succédaient à Rome. Après Innocent II, enfin vainqueur et reconnu, vinrent d'éphémères pontifes : Célestin II et Lucius II. Celui-ci mourut tragiquement dans un combat à Rome, au cours de l'insurrection d'Arnaud de Brescia. En hâte, les cardinaux désignèrent à la surprise générale pour lui succéder l'abbé cistercien des Trois-Fontaines, Bernard Paganelli, qui prit le nom d'Eugène III. Deux facteurs avaient joué pour le nouveau pape, il était italien et il était cistercien. L'Ordre de Cîteaux était à son apogée et accueillait de plus en plus de moines conquis par son austérité. L'élection d'un de ses fils au trône de saint Pierre marquait la consécration de la réforme cistercienne. Lorsque Eugène III, chassé de Rome par les événements en 1148, se réfugia à Clairvaux, Bernard aura la joie de voir sous les vêtements pontificaux la coule des moines blancs. C'est à ce moment-là qu'il écrira son traité *De la considération* dans lequel il prodigue ses conseils à son ancien disciple devenu le premier personnage de la Chrétienté.

Bernard apprit l'élection au début de mars 1145. Sa joie éclata. Il écrivit aussitôt aux cardinaux et évêques de la Curie romaine pour les féliciter de ce choix, mais aussi pour leur faire part de ses craintes :

« Dieu vous pardonne, qu'avez-vous fait ? Vous avez rappelé parmi les hommes un homme déjà enseveli. Il fuyait

les affaires et les soucis, vous l'y replongez. Aviez-vous de suffisantes raisons, à la mort du Souverain Pontife, pour vous jeter sur ce campagnard ? pour violer sa retraite (...). le traîner au palais (...). Il paraît dérisoire d'élire un pauvre homme en haillons pour commander aux princes, aux évêques, disposer des royaumes et des empires. Et pourtant je ne suis pas rassuré, car je connais mon fils. C'est un être délicat, tendre, craintif, habitué à une existence paisible, nullement exercé aux affaires de ce monde » (Lettre 237).

Dans le prologue *De la considération*, il médite sur cette destinée et sur les desseins de Dieu qui fait d'un humble moine le continuateur des Apôtres :

« *Oui, notre Eugène a été promu par la volonté du Seigneur.* »

S'adressant à l'intéressé lui-même, il se fait apparemment soumis : « *Désormais je parle à mon maître, je n'ose plus vous appeler mon fils : le fils est devenu le père, le père est devenu le fils.* » Antithèse aux accents romantiques, mais que cela n'éblouisse pas le nouvel élu et ne lui inspire pas des sentiments d'orgueil : « *C'est l'œuvre de ce doigt de Dieu qui tire le misérable de sa poussière, le pauvre de son fumier, et l'assied parmi les princes.* » La joie éclate au cœur de Bernard : « *L'Église exulte et glorifie le Seigneur de votre élection, mais au sein de l'Église la joie est plus grande encore dans cette communauté dont vous avez été l'enfant, dont vous avez sucé les mamelles* » (Lettre 238).

Bernard, toujours pédagogue, définit au nouveau pape ses devoirs au sein de l'Église :

« *À vous on a confié un immense navire, l'Église univer-selle qui comprend toutes les autres et qui est répandue sur le monde entier (...). Vous vous considérerez dans votre éléva-tion de Souverain Pontife, mais en même temps vous comprendrez que, non content d'avoir été vile poussière, vous l'êtes encore (...). Dès lors placé sur un trône élevé, vous ne nourrirez pas de hautes pensées, mais conscient de votre propre humilité, vous vous sentirez proche des humbles* » (*De la considération*, II-8, 9).

Ces paroles définissent mieux que tout ce qui fait la personnalité et la sainteté de saint Bernard pour qui l'amour et l'humilité primèrent tout. Le traité *De la considération*, écrit entre 1149 et 1152, dresse un tableau du pape et de la papauté, tels que le conçoit Bernard à la lumière de sa spiritualité et de son expérience cisterciennes. Le pape, qui se définit lui-même comme le Serviteur des Serviteurs de Dieu, doit rester le pauvre et humble religieux qu'il a été dans l'Ordre, la tête et le guide ce qu'un théologien moderne le père Congar a appelé « une Église servante et pauvre ». « *Le texte des Évangiles* (Luc XXII, 25) *est clair, l'esprit de domination est absolument interdit aux Apôtres. À leur successeur, seul un rôle de serviteur est recommandé par l'exemple même du Maître qui se tient au milieu de nous pour nous servir.* »

Néanmoins, Bernard donne de la papauté une vision de grandeur qui fait antithèse. Il veut faire du Siège de Pierre, non pas seulement l'organisme fédérateur qu'il est au XIIᵉ siècle, fort éloigné du centralisme monarchique qu'il deviendra dans les siècles suivants, mais l'élément de suprématie religieuse qui impose sa volonté au monde à la fois sur le plan politique et sur le plan spirituel. Le titre lui-même *De la considération* résume les réflexions que cette conception suscite chez Bernard. La considération, c'est le fait d'être « sidéré » par l'éclat d'un éclair. C'est une forme intérieure de contemplation où se reflètent avec éclat les dispositions de l'âme. Et c'est ce que Bernard veut faire percevoir au pape. À son disciple nourri de la contemplation chère à Cîteaux, il inculque que le pape, le chef de la Chrétienté, doit utiliser les fruits de sa méditation intérieure pour le gouvernement universel. Cette discipline de la considération qu'il préconise à son ancien disciple doit nécessairement déboucher sur l'action. Le mystique, ce n'est pas celui qui se complaît dans ses pensées, aussi saintes soient-elles, et qui n'agit pas, c'est celui qui recherche dans un premier temps la vérité, puis qui en impose le règne dans un second temps. « *Voilà donc qui vous êtes. Mais n'oubliez pas de considérer ce que vous étiez auparavant (...). Contemplez-vous d'un regard dénudé dans votre nudité première (...). Que votre méditation imite aussi la nature. Ainsi prenez soin de vous voir vous-même selon notre double origine.* » C'est la « considération » de soi-même, qui est, en quelque sorte, une auto-analyse. Lorsque cette connaissance de soi-même sera acquise, il faudra alors regarder, « considérer » ce qui est autour, au-dessous et en dessous de soi. La conclusion de tout cela est simple : « *Connais-toi pour te bien conduire.* »

Le nouvel élu accueillera avec respect les paroles et les écrits de son maître, mais il était « le » pape, c'est-à-dire le chef de la Chrétienté et il ne l'oubliait pas. La nature de sa personnalité était différente de celle de Bernard. L'un était un Italien déjà formé à la diplomatie onduleuse à l'époque où il résidait à Pise, l'autre est un fils de l'est de la France, entier, rude comme les terres et les forêts de sa Bourgogne natale. Leurs rapports seront dorénavant différents. Mais on trouvera toujours dans les écrits de Bernard les mêmes sentiments d'affection « *à son très tendre père Eugène* ».

Bernard propose comme modèle à Eugène III le grand pape bénédictin réformateur, saint Grégoire le Grand, et plus près de lui un autre réformateur, un autre Grégoire, Grégoire VII, qui a affranchi l'Église de la tutelle des pouvoirs civils. Il le met en garde contre la rapacité italienne, surtout celle de la Curie, où l'intégrité du personnel se montre de plus en plus rare :

« *Quel est donc cet usage qui s'est instauré d'acheter avec les revenus des églises la foule qui doit pousser des ovations sur les chemins où vous passez ? C'est vraiment jeter le pain des pauvres dans les rues où passent les riches (…). Et au milieu de cette foule avide, vous avancez brillant d'or et de pourpre. Ai-je l'audace de vous dire que vous travaillez pour le démon.* »

Et plus loin :

« *La fraude, la violence, l'intrigue règnent aujourd'hui sur le monde (…) comment vos oreilles de moine peuvent-elles supporter ces dissertations d'avocats, ces querelles de mots plus propres à obscurcir la vérité qu'à la découvrir ? Mettez donc un terme à cet abus. Ne mettez pas votre confiance en des effrontés, mais en des âmes modestes qui, ne craignant pas Dieu, n'espèrent rien non plus en dehors de Lui* » (*De la considération I, 10*).

La hiérarchie de l'Église doit être renforcée, mais pas à n'importe quel prix. Le pape, qui est le gardien de la foi, doit être au-dessus de tout soupçon, il est le « président » de la Charité et de l'unité de l'Église. Cette unité doit s'étendre au monde entier, car il ne faut pas oublier que l'Église est catholique, c'est-à-dire universelle.

Eugène III prend acte de toutes ces suggestions, mais ne répond pas. Bernard lui a envoyé les trois premiers livres du traité *De la considération*. Eugène III sent bien que la diatribe a pour seul but de redonner à l'Église ce lustre qu'elle a perdu et qu'elle continue à perdre, et de la ramener à la pratique des temps apostoliques. Malgré le silence de Rome, Bernard ne se résigne pas et écrit une dernière partie à son traité. Elle met en cause l'actualité romaine que nous avons évoquée à propos de la révolte d'Arnaud de Brescia. Le pape ne peut rentrer dans sa ville en proie aux factions et à la révolution. Le fougueux polémiste s'en prend alors aux Romains et les admoneste :

« *Réconciliez-vous avec vos princes, je veux dire les Apôtres Pierre et Paul qu'en la personne d'Eugène, leur héritier et leur vicaire, vous avez contraints à la fuite.* »

Au-delà de « la considération » personnelle et de celle des hommes, il y en a une troisième qui les domine toutes et qui en fait, en quelque sorte, la synthèse. C'est la considération de ce qui est au-dessus, « *quae sursum est* », c'est-à-dire le Ciel et Dieu. Les arguments que Bernard développe devant le pape explicitent son approche mystique de la vie chrétienne. Nous entrons ici dans la spéculation pure et dans la contemplation. Il reprend ce qu'il avait déjà exprimé dans *le Traité de l'Amour de Dieu*, ou dans *les Sermons sur le Cantique des Cantiques* » :

« *L'âme fidèle soupire avec avidité après la présence de Dieu et se repose suavement dans Son souvenir... Quel est l'effet d'une contemplation de toutes ces choses sinon de ravir merveilleusement à elles l'âme du contemplateur arraché à tout amour pervers* » (*Traité de l'Amour de Dieu V*).

Ce Dieu qui visite l'âme de façon toute gratuite, il faut le retenir, c'est le fait de la prière et de la méditation. Bernard encourage son disciple, qui les a déjà pratiquées lorsqu'il était simple moine à Clairvaux, à y recourir sans cesse, malgré les attachements au monde que sa charge entraînera immanquablement. Eugène III sur le trône apostolique doit rester le moine cistercien qu'il a été.

Ainsi Bernard de Clairvaux parachève son œuvre pédagogique de formateur. Avec le traité *De la considération*, il nous donne la quintessence de sa théologie, non pas une théologie théorique, mais une théologie en action, qui est le fruit d'une expérience vivante et d'un feu intérieur. La force de saint Bernard est toute là : il ressent très profondément, parce qu'il l'a expérimentée lui-même, la misère de l'homme transcendée par l'amour de Dieu : « *La mesure d'aimer Dieu, c'est de l'aimer sans mesure.* » Tout est dit dans cette célèbre formule.

Pendant plus de vingt ans, entre les pontificats d'Innocent II (1130-1138) et d'Eugène III (1145-1153), la voix de saint Bernard a retenti haut et fort, faisant de lui le véritable héraut de la Chrétienté. Les rapports qu'il eut avec ces papes qui étaient ses amis et toujours ses obligés, ont façonné le monde chrétien et l'institution pontificale, et leur ont donné une impulsion nouvelle, si bien qu'il pouvait écrire à son ancien disciple :

« *Vous avez accompli beaucoup de bonnes œuvres en face de notre siècle.* »

Et leurs deux existences étaient si bien liées, autant sur le plan de l'esprit que sur celui de la vie politique et religieuse, qu'ils mourront tous deux à quelques semaines d'intervalle.

Bernard avait réformé l'ordre bénédictin pour en faire celui de Cîteaux. De la même façon, il réforma l'Église, il préserva sa doctrine, il rétablit la discipline, il apura les mœurs, travaillant ainsi à maintenir l'unité sous la direction d'un seul chef, le pape, dans l'amour, la paix et la charité. Le pontificat d'Eugène III, auquel est intimement lié le traité *De la consi-dération*, éclaire de façon exemplaire la figure et la personnalité du grand abbé cistercien, qui sera proclamé plus tard non seulement saint, mais docteur de l'Église.

Le traité *De la considération* fut terminé en 1152. À cette date, Bernard avait soixante-deux ans. Pour l'époque il était un homme âgé, d'autant plus qu'il était usé par une vie d'aus-térité, de macérations et de voyages incessants. Lui qui ne rêvait en entrant à Cîteaux que de vivre en paix dans un cloître, sous le regard de Dieu, avait été obligé de parcourir la France, l'Allemagne, l'Italie à l'appel du pape et des rois. Sa santé, qui s'était vite délabrée dans sa jeunesse, était de plus en plus précaire, il était tenaillé par des maux d'estomac incessants. En proie à des périodes d'abattement, il n'en continuait pas moins son travail, écrivant, envoyant des lettres, prononçant des sermons.

Pour l'aider dans cette tâche, il avait une chancellerie et des secrétaires. Il leur donnait à rédiger les lettres les moins personnelles, en fournissant une trame avec quelques pensées maîtresses au secrétaire qui était chargé de les mettre en forme et d'étoffer le schéma. Nous savons, d'après les indica-tions qu'il a laissées, qu'il préparait ce travail de rédaction, le comparant à la cuisson lente d'un plat au feu spirituel. Parfois, semble-t-il, il prenait les avis de son entourage. La réflexion terminée, il se mettait à la rédaction. Ce stade comprenait deux opérations : la composition et la rédaction elle-même. Pour la composition, il expliquait que « *de même que celui qui écrit place tout conformément à des raisons certaines, ainsi les œuvres de Dieu sont conformes à un ordre* ». C'est ce que les théoriciens de l'époque appelaient la *dispositio*. Ce qui fait que ses écrits, en particulier les sermons sur le *Cantique des Cantiques*, se présentent comme des symphonies avec leurs différents mouvements : un crescendo où l'homme aspire à la gloire de Dieu, un andante dans lequel il passe par le péché et la mort spirituelle, un allegro qui débouche sur la vie nouvelle rénovée par la Pâque.

Au second stade de la rédaction, Bernard choisissait

soigneusement les mots et les expressions. Son vocabulaire est le plus souvent biblique, se référant au *Cantique des Cantiques*, à saint Paul, à saint Jean. Parfois il est juridique, mais il reflète toujours l'empreinte monastique. C'est en somme du grand art, non seulement conforme à la rhétorique de son temps, mais qui atteint une portée universelle intemporelle.

Enfin, dans un stade ultime, Bernard relisait son texte, le corrigeait ou le complétait. Durant les cinq dernières années de sa vie, le grand abbé révisera lui-même ses œuvres les plus importantes afin d'en laisser une édition définitive.

Un épisode significatif illustre bien cet aspect de saint Bernard auteur et penseur.

Vers 1150, il avait comme secrétaire un jeune moine, Nicolas, qui du fait de ses fonctions vivait dans la plus grande intimité avec son abbé. Gagné par les conditions de son travail, il voulut faire cavalier seul. Il broda, développa à sa façon les thèmes donnés par son maître, en y ajoutant des réflexions de son cru. Poussé par son ambition et surtout sa vanité, il écrivit de sa propre initiative, validant ses lettres en y apposant le sceau abbatial. Il faisait donc des faux.

La supercherie fut découverte. Bernard éclata, s'en plaignant au pape lui-même en demandant que le coupable subisse « *la prison perpétuelle et le perpétuel silence* ». Le moine Nicolas s'enfuit, mais fut vite repris. Il avait sur lui les sceaux de l'abbaye dont celui de l'abbé. Ce sceau était un *sigillum novum*, une nouvelle empreinte, que Bernard venait de faire exécuter. Les Archives nationales possèdent cette marque de l'abbé de Clairvaux, on l'y voit assis sur un siège, tête nue, drapé de sa coule, les avant-bras ouverts, sa main gauche tenant la crosse abbatiale et sa droite une clé. L'exergue précise : *Sigillum Bernardi abbatis Clarevallis*. L'indélicat Nicolas ne fut pas sans doute condamné comme le demandait Bernard sous le coup de la colère et de la passion. Vingt-cinq ans plus tard, on le retrouve comme simple moine à l'abbaye bénédictine de Montier-Ramey (Montiéramey), en Champagne.

Bernard vieillissait. Autour de lui, beaucoup de ses amis,

grands témoins de leur temps eux aussi, disparaissaient. Suger en janvier 1151 ; Thibaut, comte de Champagne, en 1152, l'évêque d'Auxerre, Hugues de Vitry, et entre toutes la perte la plus douloureuse, celle du pape Eugène III, en juillet 1153. L'abbé de Clairvaux, affaibli par la maladie, ne quittait guère son lit. Lui-même était conscient de sa déchéance. À l'évêque de Langres venu le consulter et qu'il écoutait d'une oreille distraite, il déclara : « *Ne m'en veuillez pas, je ne suis plus de ce monde.* » Au pape Eugène III, il écrivait encore en 1152 :

« *Votre serviteur s'affaiblit peu à peu. Sans doute n'est-il pas digne de passer présentement à la vie.* »

Il lui survivra pourtant d'un mois. Au printemps de 1153, il intervint encore une dernière fois, dans un conflit qui opposait le duc de Lorraine et l'évêque de Metz. Bernard, qui se sentait mieux avec le retour des beaux jours, n'hésita pas à quitter Clairvaux et à aller arbitrer le débat. Il réussit pleinement sa tâche. Jusqu'à son dernier souffle, il aurait lutté pour la paix.

Dès son retour à Clairvaux, il écrivit une lettre adressée à son oncle André de Montbard, chevalier du Temple et futur grand maître de l'Ordre :

« *Vous m'exprimez par votre lettre de grandes craintes au sujet des États de Palestine… Malheur aux chefs responsables qui n'ont rien fait de bon. Dès que les premières hostilités ont pris fin, ils se sont hâtés de regagner leurs seigneuries où ils se livrent à toutes sortes de désordres (…). Impuissants pour le bien, ils ne sont que trop puissants pour faire le mal.* »

Dans cette lettre, Bernard analysait avec une grande lucidité les causes de l'échec de la Croisade. Il mettait en accusation les intérêts politiques et personnels qui étaient passés avant l'intérêt spirituel. Il saluait tous les religieux du Temple et de l'Hôpital, les chrétiens qui résidaient en Terre Sainte et qui résistaient avec courage. C'est son adieu aux auteurs de cette grande affaire, rejoignant ainsi son premier appel pour la Croisade et son œuvre de législateur des ordres militaires.

Bernard lutta jusqu'au bout. Son corps n'était plus qu'une loque, mais il gardait un esprit clair dans cette déchéance physique. Il pensait à ses fils qu'il allait quitter et il montrait une fois de plus les sentiments de sa sollicitude paternelle :

« *Je désire aller au Christ, toutefois, il m'est douloureux que mon départ vous soit une telle privation, une telle épreuve.* »

C'est dans ces sentiments qu'il mourut le 20 août 1153.

Son corps fut porté par tous ses frères dans l'église abbatiale où il avait prié si souvent, et il fut déposé dans un tombeau devant l'autel de la Vierge, celle qu'il appelait Notre-Dame. Sa réputation était telle que sa canonisation fut rapidement demandée au pape. C'est certainement une des plus rapides qu'enregistre l'histoire des saints.

En 1159, le cardinal Orlando Bandinelli, qui avait été élu pape sous le nom d'Alexandre III, avait été forcé de se réfugier en France. Comme ses prédécesseurs, il était en butte au pouvoir impérial incarné par un empereur germanique à la personnalité, mais aussi aux ambitions exceptionnelles : Frédéric I Barberousse. L'empereur avait opposé un antipape à Alexandre III régulièrement élu, qui avait été obligé de fuir Rome. Le pape résida à Paris du 24 mars au 25 avril 1163. Il consacra le chœur de Saint-Germain-des-Prés et posa la première pierre de la cathédrale que faisait construire l'évêque Maurice de Sully, consacrée à Notre-Dame. Les fils de Bernard en profitèrent pour introduire la cause de canonisation de leur abbé. De retour en Italie, Alexandre III lança d'Agnani la bulle de canonisation le 18 janvier 1175. Le motif principal invoqué était le soutien que Bernard de Clairvaux avait toujours apporté en tous temps et en tous lieux au Siège apostolique. La chancellerie pontificale avisa en même temps le roi de France Louis VI, le chef de l'Ordre de Cîteaux et les moines de Clairvaux. Bernard était canonisé et mis au rang des confesseurs de la Foi. En 1201, le pape Innocent III le désigna comme « *abbas et doctor egregius* », abbé et docteur émérite. Les auteurs religieux des siècles suivants le considérèrent comme le dernier des Pères de l'Église. En 1830, enfin, le pape Pie VIII le proclama officiellement docteur de l'Église universelle. Le décret pontifical de canonisation autorisait le culte officiel du nouveau saint. Une messe avait été spécialement composée par le pape et rendue obligatoire dans tous les monastères de l'Ordre, tandis que les leçons relatives au grand Cistercien passaient dans la liturgie romaine, attestant l'universalité de son culte.

Les restes de saint Bernard demeurèrent intacts à Clairvaux jusqu'à la Révolution. Son corps avait été inhumé derrière le maître-autel et sa tombe était surmontée d'un petit édifice de marbre. Au XIVe siècle, le « chef » du saint fut détaché du corps et placé dans un reliquaire de vermeil. La Révolution se chargea de disperser les ossements des moines de Clairvaux. Le chef de saint Bernard avait été mis à l'abri, et le 1er octobre 1813, le dernier abbé de Clairvaux, dom Rocourt, le remit au préfet de l'Aube qui le confia à la cathédrale de Troyes. Bien peu de choses restaient de celui qui avait été sans doute la plus forte personnalité du XIIe siècle. Lui-même eût été heureux de cet état de choses, qui avait prêché le détachement des biens, la mortification du corps.

« Laissez votre corps à la porte », disait-il à ses novices.

LE CULTE MARIAL

On ne peut quitter saint Bernard sans parler de la dévotion toute particulière qu'il eut pour la Vierge Marie.

Le culte marial, combien de fois ne l'a-t-on pas invoqué lorsqu'on parle de Bernard de Clairvaux ? Il a été exalté en littérature, en musique, par la peinture par laquelle Fra Angelico, au XIVe siècle, a magnifiquement exprimé ces sentiments.

Bernard puisa d'abord cet amour de la Mère de Dieu chez sa propre mère, Aleth de Montbard, qui lui avait appris dès sa petite enfance à aimer et à vénérer la Vierge. Pour lui, Marie est la Mère par excellence, l'amour du Christ pour la créature s'exprime par elle : « *L'amour du Christ a transpercé l'âme de sa mère, au point de ne laisser aucune partie de son cœur vide de charité* », (*Cantique des Cantiques*, XXIX-8). C'est cette flèche qui a atteint le cœur de l'homme à travers Marie.

Déjà les constitutions de l'Ordre de Cîteaux affirmaient que « *marchant sur les traces de nos ancêtres, nous faisons profession d'appartenir spécialement à la Bienheureuse Vierge Marie* ».

Le culte et la théologie mariales se sont développés chez les Cisterciens d'abord, dans l'Église ensuite grâce à saint Bernard. Ce culte existait depuis les premiers siècles du christianisme, mais c'est bien au XII\u1d49 siècle qu'il prit une autre orientation. À la notion de Marie instrument de la rédemption, dont parlent les auteurs anciens comme saint Justin, saint Ignace d'Antioche ou saint Anselme, s'ajoute petit à petit un sentiment de tendresse dans la personne de la Vierge. Elle devient « *Mater Misericordiae* ». Elle se rapproche du pécheur qu'elle guide dans cette vallée de larmes, comme le chante le *Salve Regina*. Elle promet aux premiers Cisterciens de défendre l'Ordre naissant, elle impose la coule blanche comme habit. Les Cisterciens dédient tous leurs monastères à Marie Notre-Dame. Son office est célébré de jour et de nuit.

Cette dévotion atteindra son apogée avec Bernard de Clairvaux, qui en fixera en quelque sorte les règles et la répandra en dehors de Cîteaux. Il fit connaître par ses écrits sa vision de l'amour qu'il avait pour Marie. Le traité *De laudibus Virginis matris* est un exposé de la maternité divine de la Vierge et de ses conséquences. Un second traité destiné aux chanoines de Lyon a trait à la conception de Marie. Fait paradoxal, pour Bernard il n'y a pas d'Immaculée-Conception, telle qu'elle sera définie des siècles plus tard et érigée en dogme au XIX\u1d49 siècle. La sanctification de la Vierge n'a pu se produire qu'après sa naissance, et non pas à sa conception. Dans différents sermons, à l'occasion de la fête de la Nativité de Marie ou de l'Assomption, il a l'occasion d'exprimer une autre idée qui lui est chère, celle de la médiation de Marie. Pour arriver au Christ, Marie est la voie toute choisie. Elle représente la nouvelle Ève qui se place entre le Christ et l'Église. « *Dieu a voulu*, dit saint Bernard, *que rien ne nous fut donné qui ne passât par les mains de Marie.* » Marie, médiatrice, c'est une notion qui sera promise à un bel avenir dans la piété des fidèles.

L'idée d'associer Bernard à Marie a été très vite perçue par ses contemporains. Déjà, peu de temps après sa mort, Pierre, évêque de Chartres, écrivait : « *Si tu oses toucher à la pupille de l'œil de Notre-Dame, écris contre Bernard.* » Mais c'est surtout Dante qui, un siècle plus tard, sur la route vers le Paradis où le conduisent Virgile et Béatrix, fait appel à saint Bernard pour l'introduire dans la demeure des bienheureux. Bernard, au cours de sa vie terrestre, a revêtu bien des aspects, homme d'Église, homme politique, polémiste. Dante a retenu de lui ce seul aspect de chantre de Notre-Dame. Bernard en accueillant le poète florentin l'avertit : « *La reine du ciel, pour laquelle je me consume d'amour, nous accordera toute grâce, car je suis son fidèle Bernard.* » Ici se fait jour cette idée nouvelle que pour arriver au Christ, la Vierge est la voie toute choisie. La clarté de son visage peut seule permettre au sollici-teur de voir le Christ en face. Et de Marie, le poète s'élève jusqu'aux trois cercles de la Trinité qui lui permettront de découvrir le mystère christique.

On peut affirmer que c'est saint Bernard qui donna son essor au culte de la Vierge Marie dans l'Église. À partir de lui, se développa dans tout le monde chrétien, et en particulier dans le royaume de France, cette dévotion. Louis XIII l'avait maintes fois priée pour que naisse un héritier à la Couronne. Le roi confia cette intention à la Vierge par son vœu fameux, qui fut exaucé tardivement en 1638. Louis de Bourbon, le futur Louis XIV, se prénommait également Dieudonné. Et la victoire de Condé remportée à Lens le 20 août 1648, date anniversaire de la mort de Bernard, permit de le proclamer « protecteur de la Couronne ».

II.

L'ORDRE CISTERCIEN À SON APOGÉE

Né à la fin du XIᵉ siècle, en plein essor au XIIᵉ siècle, comment se présente l'Ordre de Cîteaux à la mort de saint Bernard ?

En 1153, l'Ordre est désormais adulte. De l'aventure risquée de Robert de Molesme à la consécration à l'époque de Bernard de Clairvaux en passant par le génie re-fondateur d'Étienne Harding, Cîteaux apparaît comme le grand Ordre, animé d'un dynamisme tel qu'il s'impose dans toute la Chrétienté.

Le monastère cistercien est un modèle de communauté qui peut servir d'exemple à d'autres familles religieuses.

La fondation d'une abbaye cistercienne exige un certain nombre de conditions. Elle est tout d'abord subordonnée à l'agrément du Chapitre général, qui est l'assemblée législative pour tout ce qui concerne l'administration de l'Ordre. Après l'accord du Chapitre, l'abbé de la maison mère qui essaime se rend sur le site choisi pour constater s'il remplit bien toutes les exigences voulues par la Règle. Le lieu doit être isolé, à l'écart d'une agglomération, mais néanmoins accessible. Conditions facilement réalisables au XIIᵉ siècle, mais qui posaient parfois un problème. En effet l'essor démographique de cette époque mettait en valeur de vastes terres qui, jusque-là, étaient restées inoccupées. Il arrivait que les moines eussent été obligés de déplacer des villages pour s'installer sur les terrains qui leur avaient été donnés par les seigneurs du lieu. Bernard lui-même eut à prendre parti maintes fois contre tel évêque ou tel seigneur qui prétendait s'opposer à la création d'une abbaye en un endroit désigné.

Le contingent de la nouvelle formation, issu de l'abbaye mère, est en général de douze moines avec l'abbé nommé (par référence aux douze apôtres) et d'un nombre variable de convers suivant les besoins. Quittant leur abbaye d'origine en chantant des cantiques en l'honneur de la Vierge, ils arrivent sur le lieu de leur nouvelle résidence, qui ne doit pas se trouver à moins de dix lieues de la première. Des habitations en branchages ou en planches sont rapidement construites et les moines se mettent à aménager le terrain. Il est essentiel qu'il y ait une source ou un point d'eau à proximité, et un premier travail consiste à amener l'eau au futur monastère par des conduites de fortune qui seront consolidées plus tard. Un exemple caractéristique est donné par les conduites en pierre du monastère d'Aubazine dans la Corrèze, qui amènent l'eau, sur des kilomètres, dans un immense vivier.

Le premier bâtiment construit est une chapelle simple, car le service de Dieu passe avant tout, et il faut un lieu bien distinct pour prier. Le groupe des moines bâtisseurs avait certainement à sa tête un religieux qualifié qui était l'architecte et le maître d'œuvre du nouveau monastère. Le beau roman de Pierre Pouillon *Les Pierres sauvages* restitue, sous une forme romancée, mais avec des bases historiques et techniques sûres, ce qu'a été la construction d'un monastère cistercien au XIIᵉ siècle, en l'occurrence l'abbaye du Thoronet. Le maître d'œuvre construisait suivant des règles communes à tous les établissements cisterciens, on relève les mêmes traits architecturaux dans toutes les abbayes, de l'ouest à l'est.

Les moines étaient aidés par des équipes de maçons laïcs, qui se déplaçaient de chantier en chantier. En même temps que les travaux, il fallait assurer le service divin, près de douze heures de prières quotidiennes. Les laïcs, aidés des convers, assumaient donc le travail matériel. Ils étaient nourris et habillés par le monastère, et logeaient dans des bâtiments à part.

Le premier bâtiment « en dur » à être élevé était l'église abbatiale. Les églises cisterciennes sont toutes orientées vers l'est, vers le soleil levant. On commençait donc par construire le chevet de l'église. Les pierres étaient sorties de la carrière la plus proche, elles étaient taillées sur place et chacune portait une marque faite par l'ouvrier, la marque de tâcheron, car le travail se payait non pas à la journée, mais à la pièce. De la carrière, des charrois transportaient les pierres sur le site de la future abbaye, en empruntant des sentiers boueux et difficiles.

Après le chœur, la construction se poursuivait par le transept et la nef avec ses bas-côtés. Le toit, construit au sol, était ensuite posé sur la nef et sur le chœur, ce qui permettait de compléter l'aménagement intérieur sans être gêné par les intempéries. La décoration d'une église cistercienne était sommaire. La Règle n'admettait qu'une ornementation des piliers et des chapiteaux très simple, des feuillages à peine esquissés, pas de figure humaine ou animale : saint Bernard était intransigeant sur ce point.

Une fois l'église terminée, le service divin pouvait être assuré en accord avec la Règle. Venait ensuite la construction du quartier des convers, indépendant, séparé par la ruelle des convers des futurs bâtiments des moines profès. Puis s'élevaient la salle du chapitre, le dortoir des moines, le réfectoire et ses annexes, cuisine et chauffoir, l'infirmerie, et la salle d'études, ou *scriptorium*, où les moines travaillaient et lisaient.

Le cloître, galerie entourant un jardin et desservant les différents locaux du monastère, était construit en dernier. C'était véritablement le lieu de passage de la communauté, où tout le monde se retrouvait avant d'aller à l'office, avant de monter au dortoir et avant les repas. Une fontaine, le lavabo, s'élevait dans un coin du cloître, proche du réfectoire, ce qui permettait aux moines de se rafraîchir en revenant du travail des champs et avant d'aller prendre leur frugal repas.

À côté de ces bâtiments dits conventuels, l'abbaye comprenait toutes sortes d'autres édifices nécessaires à la vie de la communauté et aux travaux de la terre. Leur nombre variait en fonction de l'importance du monastère. Il y avait les bâtiments destinés à recevoir les récoltes, à abriter les animaux, vaches, moutons, porcs, volailles. Les abbayes avaient leur moulin et leur boulangerie. La forge était également un élément essentiel de l'économie cistercienne, l'architecture de bâtiments de forge, comme celle de Fontenay, est un modèle du genre.

L'abbaye cistercienne était pourvue de terres, souvent éloignées de la maison centrale. Les moines ou les convers qui les exploitaient ne pouvaient pas revenir tous les jours à l'abbaye. On les appelait les granges. En principe, l'éloignement ne devait pas excéder une journée de marche. La distance entre deux granges voisines devait être au moins de deux lieues. Par restriction, la grange était l'habitation qui servait aux convers pour s'abriter pendant les repas et dormir. Il s'y ajoutait un petit oratoire. La grange de Volleron, en France, appartenant à l'abbaye de Chaalis, est une des plus belles de ces anciennes granges cisterciennes.

Le plan des abbayes cisterciennes était le même partout en Europe. Le modèle idéal était « le cher Cîteaux », de sorte qu'un moine venant d'un autre monastère n'était jamais dépaysé dans sa nouvelle résidence.

Ainsi se présente l'abbaye, le lieu où vit la communauté des moines. Quelle est cette communauté, comment s'articule-t-elle, comment organise-t-elle sa journée ?

Le monastère cistercien est un établissement qui accueille des cénobites, c'est-à-dire des religieux qui veulent vivre dans la solitude et la prière, soumis à une règle commune. Cette vie religieuse communautaire implique qu'il y ait une hiérarchie.

Le jeune homme qui désirait se consacrer à Dieu entrait au monastère à l'âge minimal requis de quinze ans, comme postulant. Au bout de quelques semaines, temps qui lui avait permis de se familiariser avec la vie monastique, il était admis comme novice, première étape de la hiérarchie. Il était alors confié à l'un des personnages essentiels de l'institution, le maître des novices, chargé de le former suivant les règles de la spiritualité bénédictine et de le couler dans le moule de l'Ordre. Les novices vivaient à part des moines profès, dans un quartier du monastère bien distinct. Ils ne rejoignaient les moines de plein exercice, les moines de chœur, qu'à l'heure des offices. Le novice apprenait la règle de saint Benoît et il recevait un enseignement littéraire et religieux qui lui donnait une formation intellectuelle supérieure à celle de la moyenne des ecclésiastiques de son temps. Cette période de noviciat durait environ un à deux ans. Sa durée était laissée à l'appréciation du maître des novices suivant le degré de formation du jeune moine.

Une fois ce temps terminé, le novice était appelé à faire sa profession, acte solennel qui faisait de lui un moine profès, religieux de chœur à part entière. Devant la communauté réunie sous la présidence du père abbé, au chapitre ou parfois au cours de la grand-messe, le nouveau profès promettait d'observer les trois vœux monastiques : conversion qui l'engageait à vivre une vie religieuse totale, obéissance qui le soumet à la Règle et à son représentant, l'abbé, stabilité qui l'oblige à demeurer sa vie entière dans le monastère où il fait profession, à moins que des circonstances particulières ou un ordre de son abbé, ne l'obligent à aller vivre dans une autre abbaye. Le nouveau profès signait le document sur lequel étaient consignés ces vœux, la cédule, et il le déposait sur l'autel. À partir de ce moment, il faisait partie de la famille cistercienne, celle de l'Ordre tout entier.

Il faut noter que le nouveau profès n'était pas obligatoirement prêtre. À l'origine de l'Ordre, les prêtres étaient peu nombreux. N'étaient ordonnés que ceux qui en manifestaient le désir ou que l'abbé désignait pour des fonctions sacrées suivant les besoins de la communauté.

L'emploi du temps du moine cistercien était réglé de façon immuable. Pas de place à l'improvisation, encore moins à la fantaisie. La Règle avait tout prévu et sa stricte observance déterminait les actes du moine. La journée se déroulait, rythmée par les heures canoniales au nombre de sept.

Le lever se faisait dans la nuit, vers une heure trente du matin. Le moine quittait sa paillasse posée sur le sol et sur laquelle il avait dormi tout habillé. Encore endormi, il quittait le grand dortoir commun et descendait à l'église par un escalier spécial, l'escalier des matines, qui le conduisait directement à l'église. Il récitait les premières prières de la journée, les laudes de la sainte Vierge. Un temps était ensuite réservé à la prière individuelle et à la méditation. Vers trois heures avait lieu l'office de nuit avec récitation et psalmodie des matines et des laudes canoniales. Puis les moines qui étaient prêtres disaient la messe à quatre heures et ils communiaient ceux qui n'étaient pas ordonnés. À cinq heures trente, on disait l'office de prime suivi du chapitre.

Le chapitre avait lieu dans une salle particulière, la salle capitulaire, attenante au cloître. La communauté s'y réunissait au grand complet. Les moines s'installaient sur un banc de pierre qui courait le long des murs. Le père abbé présidait sur un siège plus élevé. Il lisait d'abord un chapitre de la Règle, d'où le nom de cette partie de la journée, et il le commentait. Il donnait ensuite des nouvelles de l'Ordre et des grands événements qui se produisaient dans le monde. Une fois par semaine se tenait le chapitre des coulpes, au cours duquel les moines confessaient en public leurs manquements à la Règle, et ceux de leurs frères dont ils avaient pu avoir connaissance. Il ne s'agissait pas d'une confession au sens strict du terme, mais d'un rappel à la charité qui ne peut s'exercer qu'en s'aidant mutuellement et avec amour. L'abbé imposait une pénitence aux fautifs, qui était en général légère, puis il clôturait le chapitre en récitant les prières pour les défunts. Les moines qui le désiraient pouvaient prendre à ce moment-là un petit déjeuner léger, le *frustulum*. À l'issue du chapitre les moines se rendaient au *scriptorium*, où ils consacraient leur temps à la lecture des textes sacrés ou à l'étude personnelle. Les Cisterciens n'étaient pas un ordre d'intellectuels, à l'inverse des Clunisiens. Mais la Règle prévoyait qu'à côté des tâches manuelles quelques heures étaient consacrées à l'étude. Les constitutions primitives de Cîteaux précisaient quels étaient les livres permis : Évangiles, Épitres, Psautier, Lectionnaire Martyrologe.

À sept heures quarante-cinq, la grand-messe était chantée

solennellement par le père abbé en présence de toute la communauté. Elle était précédée de l'office de tierce et immédiatement suivie de celui de sexte. Ces offices terminés, le prieur frappait sur la *tabula*, petite tablette de bois, pour appeler les moines pour la répartition du travail de la journée. Chaque moine revêtait son vêtement de travail, rassemblait ses outils et se dirigeait vers le lieu qui lui avait été assigné : champ, jardin, forge, étable. Sous la direction du père maître, les novices entraient au *scriptorium*, où durant plus d'une heure, ils recevaient un enseignement avec lectures, études de documents et des Écritures, commentaire de la Règle.

À onze heures, l'office de none était la cinquième des sept heures canoniales, celle du milieu de la journée, marquant la fin de la matinée. Après none, les moines se dirigeaient vers le réfectoire pour prendre le dîner (qui correspondait à notre déjeuner). Auparavant, ils étaient passés par le lavabo pour se laver les mains et la tête afin d'enlever toute trace du travail manuel de la matinée. C'était pratiquement le seul moment où le moine pouvait se laver, l'hygiène du corps, telle que nous la concevons, était inconnue à l'époque de saint Bernard.

Le repas durait une demi-heure environ. Les moines le prenaient sur de longues tables de bois, sans nappe, leur serviette passée sous l'assiette faisant office de nappe. La vaisselle était en terre cuite, les gobelets en terre ou en étain. La nourriture était simple, pour ne pas dire frugale. « *Deux plats cuits suffisent à chaque table* », précise la Règle. Plats de légumes cuits à l'eau, d'œufs, de poisson et de laitages. Le Cistercien s'abstenait de toute nourriture carnée, le pain était d'orge et une mesure de vin, l'*hémine*, était fournie pour toute la journée, à moins que le moine ne fût obligé de faire de gros travaux. Le repas ne commençait pas avant que l'abbé, qui siégeait à une table, seul, n'ait donné le signal en frappant sur la table. Pendant le repas, un moine, installé dans une chaire de lecture, ou *pulpitum*, lisait un écrit religieux, tiré des Écritures ou des Pères de l'Église.

Après le dîner commençait les heures de l'après-midi par une lecture faite dans le cloître, ou par une prière individuelle à l'église. La vie active de la communauté reprenait à une heure trente avec le travail aux champs ou dans les différents services de l'abbaye. Ce temps durait environ deux heures et il était suivi à nouveau par une lecture individuelle ou des prières privées. À quatre heures trente, les vêpres, la sixième heure, réunissaient la communauté à l'église pour la deuxième fois de la journée. Elles duraient une heure et elles étaient suivies d'un léger souper pris au réfectoire. Ensuite, les moines se réunissaient dans le cloître pour une courte lecture publique, la collation. La dernière heure, à six heures environ, était complies, l'accomplissement de la journée, qui se concluait par le *Salve Regina*.

Ce chant était, et est encore, un des moments forts de la journée du Cistercien. Il traduit la confiance absolue et l'amour que le moine met en la Mère de Dieu, sa mère et la mère du monastère. Joris-Karl Huysmans a été le seul à en traduire la beauté mystique dans son roman *En route*.

Le *Salve Regina* chanté, les moines rejoignaient le dortoir. Là, couché sur sa paillasse tout habillé, couvert d'une simple couverture de laine, il pouvait prendre enfin un repos après une journée qui avait été longue et bien remplie jusqu'à ce que la cloche le rappelât au milieu de la nuit pour le premier office.

Tout au long de cette journée rythmée par les heures, le moine se partageait donc entre l'église où il priait, le *scriptorium*, où il étudiait, les champs où il travaillait et enfin le dortoir où il se reposait. La règle de saint Benoît avait introduit dans le monachisme un judicieux équilibre qui, suivant l'expression de son fondateur, organisait la vie quotidienne « *raisonnablement et avec mesure* ». Le prologue de la Règle précisait :

« *Nous allons fonder une école du service du Seigneur. Dans cette institution, nous espérons n'établir rien de rude, ni de pesant.* »

Au cours de sa journée de prières et de travail, le moine portait le vêtement qui, au temps de l'abbé Aubry, avait remplacé l'habit noir traditionnel des Bénédictins : tunique de laine blanc cassé, retenue à la ceinture par une lanière de cuir, scapulaire noir par-dessus la tunique. C'était l'habit porté à l'intérieur du monastère et au travail. À l'église, le moine revêtait la coule, ample manteau d'une seule pièce qui recouvrait le corps entier et comportait une capuche que l'on pouvait rabattre sur la tête. Ce vêtement était le symbole de la consécration monastique et on le remettait au religieux le jour de son engagement définitif. Les novices portaient une chape longue en guise de vêtement de chœur. Cette vêture fit surnommer les Cisterciens les moines blancs pour les distinguer des Bénédictins traditionnels, les moines noirs. Les convers étaient vêtus de bure grise ou marron.

L'abbé était le chef et le père (*abbas*) de cette communauté monastique. Il était élu à vie par les profès, à moins que son âge ou sa santé ne l'obligeât à se démettre de sa charge. Il dirigeait le monastère en souverain incontesté dont la croix pectorale et l'anneau étaient les symboles. Il présidait tous les offices. Il réunissait la communauté au chapitre. Il distribuait les charges auxquelles les moines seraient affectés suivant leurs qualités et leurs compétences, afin d'assurer la meilleure gestion possible de la maison. Il répartissait chaque jour le travail. Il infligeait les peines aux moines fautifs. Bref, il administrait son abbaye tant sur le plan spirituel que sur le plan temporel. La charge d'abbé est donc lourde de responsabilités. Non seulement, il devait veiller à la bonne gestion de la maison à la tête de laquelle il a été élu, mais il était débiteur devant Dieu et devant ses frères de la bonne santé spirituelle des âmes qui se confiaient à lui.

L'abbé ne gouvernait pas seul le monastère, tel un monarque absolu. Il était assisté dans cette tâche par un conseil d'officiers, nommés par lui, qui étaient en quelque sorte le gouvernement de l'abbaye. Dans la hiérarchie monastique, le premier après l'abbé était le prieur. Il secondait l'abbé dans l'administration du monastère et il le remplaçait en cas d'absence ou de maladie. Le prieur plus particulièrement chargé de la gestion matérielle pouvait être assisté d'un sous-prieur.

Le maître des novices et le maître des convers avaient le

rôle essentiel de former les jeunes postulants qui voulaient faire profession. Ils les formaient suivant les principes de la Règle et ils leur donnaient, en ce qui concerne les moines de chœur, le minimum d'instruction religieuse et littéraire pour leur permettre d'accomplir leur tâche et d'assurer le service divin. L'Ordre de Cîteaux n'était pas un ordre intellectuel. C'est justement pour réagir contre les excès des Bénédictins dans ce domaine qu'il avait vu le jour. Mais la vocation d'un moine exigeait un minimum de connaissances que devaient acquérir les novices. Ceux-ci menaient une vie à part avec leur père maître.

Autre officier, le sacriste était chargé de tout ce qui a trait au culte et à la liturgie. Son rôle était important. Il avait en charge les objets du culte, les livres saints, les antiphonaires. Il devait veiller à la préparation des cérémonies religieuses et à leur déroulement. L'absence de luxe n'excluait pas une observance rigoureuse des règles liturgiques. Le sacriste était assisté par le *préchantre* et aidé par plusieurs acolytes.

Le cellerier était l'intendant du monastère. Il administrait directement les domaines sous le contrôle de l'abbé et il avait la haute main sur les convers et les ouvriers laïcs. Il distribuait les rations alimentaires et veillait sur les stocks de denrées qui servaient à la subsistance des moines.

L'hôtelier était chargé de recevoir les hôtes du monastère et d'assurer les contacts avec le monde extérieur. L'hôtellerie était un bâtiment à part des bâtiments conventuels. Elle se trouvait en général près de l'entrée du monastère avec un accès direct avec l'extérieur par la porterie tenue par le portier. Les pèlerins de passage, les mendiants recevaient des secours à la « *capella ad portas* », la chapelle des étrangers.

Enfin, l'infirmier, parfois un médecin qui avait fait des études avant d'entrer au monastère, était chargé des soins aux malades et aux pères âgés, invalides. L'infirmerie était une construction importante, bien individualisée, vaste salle avec une rangée de colonnes au milieu pour la diviser en deux parties. Les lits séparés par un rideau étaient placés à angle droit par rapport aux murs de façon que le malade puisse voir le Saint Sacrement exposé sur l'autel qui était appuyé contre le mur du fond.

Un des moments privilégiés de la vie du moine cistercien était celui de sa mort. Lorsqu'un frère malade était proche de ses derniers moments, on procédait à la cérémonie de l'extrême-onction. Le moine était allongé tout habillé sur un matelas posé à même le sol sur un lit de cendres. L'abbé lui administrait les derniers sacrements en présence de toute la communauté qui priait. Après la mort, le corps était déshabillé et lavé, puis il était à nouveau revêtu d'habit monastique et il était veillé par les moines qui se relayaient autour du corps. L'enterrement avait lieu le surlendemain après la messe célébrée devant toute la communauté. Le corps, enveloppé dans la coule qui lui servait de cercueil, était enseveli dans le cimetière de l'abbaye qui se trouvait en général derrière l'église. La tombe était très simple, un tumulus de terre et une croix de bois. Jusqu'au bout, le Cistercien restait dans l'anonymat le plus complet. Cette cérémonie n'avait rien de triste. Les Cisterciens insistaient sur la foi en la résurrection, et le cimetière était le lieu d'attente du ciel.

Ainsi s'écoulait la vie des fils de Cîteaux, monotone et répétitive semble-t-il aux yeux des profanes. L'amour de Dieu était le seul souci du moine. La prière, le travail, la vie commune sous le regard de Dieu, rythmés par l'observance stricte de la Règle, créaient un état de vie intérieure qui trouvait son aboutissement et son épanouissement dans la contemplation.

Le résultat fut que, tout au long du XIIe siècle, la vie cistercienne fut vécue pleinement dans une perfection qui ressemblait à la vie des premiers chrétiens. La spiritualité cistercienne était – et est encore – un mode de vie, une ascèse qui faisaient d'individus tout à fait ordinaires non pas des saints, mais des hommes épurés, proches de Dieu. C'est cet attachement à une règle équilibrée qui leur permit de garder, en dépit de bien des vicissitudes, leur personnalité et leur authenticité au cours des siècles suivants.

III.

LA DÉCADENCE

L'essor donné par Bernard de Clairvaux se continua après sa mort pendant la plus grande partie du XIIIᵉ siècle. L'Ordre était présent dans l'Europe entière, de la Suède et la Norvège à l'Italie, du Portugal à la Pologne. Les abbayes étaient prospères, certaines peuplées de centaines de moines. Bien que se tenant toujours à l'écart du monde, l'Ordre de Cîteaux était intégré dans la société de son temps, et son mode de vie ne pouvait pas ne pas avoir de répercussion sur l'époque. La prospérité économique de Cîteaux conditionnait celle des régions où les abbayes étaient implantées, et sur le plan spirituel son influence se faisait également sentir aussi bien dans la société laïque que dans le monde ecclésiastique, même si des formes nouvelles de spiritualité et d'apostolat étaient apparues au milieu du XIIIᵉ siècle avec les Ordres mendiants.

Paradoxalement, c'est ce grand succès qui va amener le déclin de l'Ordre. D'autres facteurs s'y ajouteront, en particulier ceux d'une société en pleine mutation, où les règles de la hiérarchie féodale font place à de nouvelles donnes sociales et économiques.

L'organisation de l'Ordre à la fin du XIIᵉ siècle met en évidence deux éléments essentiels : l'autonomie de chaque abbaye, et le lien commun créé par l'institution du Chapitre général autour des années 1115-1119.

Le Chapitre général se réunit pour la première fois en 1119 sous la présidence d'Étienne Harding. L'abbé de Cîteaux est le chef de la congrégation et le Chapitre n'est là que pour le conseiller. Cette assemblée est constituée par les abbés des sept premières filles de Cîteaux : La Ferté-Pontigny, Clairvaux, Morimond, Prouilly, La Cour-Dieu et Bonnevaux, de ceux des deux premières fondations de Clairvaux : Trois-Fontaines et Fontenay, et de l'abbé de Bourras, fille de Pontigny. L'abbaye mère de Cîteaux est la tête (*caput*) de l'Ordre et son supérieur est abbé primat.

Mais à l'inverse de Cluny, Cîteaux n'est pas un ordre centralisé. L'union des différentes maisons est le fait surtout de l'observance d'une règle commune et de la Charte de charité qui liait toutes les abbayes entre elles.

La situation se modifia autour des années 1133, après la disparition d'Étienne Harding. La personnalité de Bernard de Clairvaux y était pour beaucoup. Le Chapitre général prit de plus en plus d'importance et la direction de l'Ordre tendit à devenir collégiale. À côté du Chapitre général il y avait une sorte de directoire qui, outre l'abbé de Cîteaux, comprenait ceux de la Ferté, qui était le chef d'Ordre en cas de vacance du siège de Cîteaux, de Pontigny et de Clairvaux, auxquels vinrent se joindre, en 1160, l'abbé de Morimond, la dernière des filles de Cîteaux. À partir de cette date, Cîteaux n'est plus la tête (*caput*), elle devient la mère (*mater*), gardant ainsi une prééminence morale.

Dans la deuxième moitié du XIIe siècle se constitue une organisation pyramidale de l'Ordre, au sommet de laquelle se trouve l'abbé de Cîteaux et son directoire, puis un chapitre élu qui contrôle toutes les activités de l'Ordre et qui se réunit une fois par an. L'organisation se compliqua lorsque apparut, au Chapitre de 1152, un nouvel élément de gouvernement. Il s'agit des définiteurs.

Les définiteurs étaient des abbés chargés de surveiller les délibérations du Chapitre général et de les arbitrer en cas de contestation ou de conflit. Les constitutions précisent que c'est aux définiteurs de veiller à l'exécution de l'ordre du jour fixé par les cinq abbés dirigeants et de rédiger les textes qui seront examinés au cours du Chapitre général. En 1265, une bulle de Clément IV, la *Clémentine*, fixa le nombre des définiteurs à vingt-cinq. L'abbé de Cîteaux l'était de plein droit, il pouvait nommer quatre définiteurs et sa voix comptait double.

Ayant reçu du pape le privilège de l'exemption qui le retirait de la juridiction épiscopale, l'Ordre, ainsi organisé, allait pouvoir évoluer et grandir en toute autonomie, ce qui ne signifie pas sans heurts.

En effet, les différentes décisions prises soit par les papes, soit par les Chapitres généraux montrent qu'il est difficile d'établir un équilibre dans un organisme qui prend une expansion trop rapide quelques décennies après sa création. Le nombre important des abbayes filles, les liens qui se distendent avec les abbayes mères, le flou qui entoure ces rapports sur les plans juridique et canonique font la preuve qu'un trop grand succès peut entraîner une décadence.

On peut dire que la mort de saint Bernard marque l'époque à partir de laquelle l'Ordre cistercien a amorcé son recul. Certes, il reste l'ordre religieux le plus important de la Chrétienté et la personnalité de Bernard lui a donné une aura incomparable.

L'accroissement diminue dans la deuxième moitié du XIIIᵉ siècle. Alors qu'au début du siècle on comptait encore une vingtaine de fondations par décennie, à la fin, en 1290, elles en sont plus que sept. En France, il semble que le recrutement se soit « tassé », alors qu'en Allemagne la croissance continue avec un essaimage dans les pays de l'Europe de l'Est : Pologne, Bohême. L'impulsion des premiers monastères fondateurs, Cîteaux, Clairvaux est tarie. Ils n'ont plus la prééminence morale qu'ils avaient au siècle précédent et un certain esprit de sclérose commence à les envahir. L'élan créateur qui avait suscité les innombrables vocations du début a disparu. La routine s'est instaurée dans les rapports entre monastères. L'Ordre est entré dans sa phase conservatrice, intégriste pourrait-on dire. Ce changement se fait d'autant plus sentir que les vocations s'orientent maintenant vers de nouvelles formes de vie religieuse, mieux adaptées à l'évolution de cette société. Les Ordres mendiants, Franciscains, Dominicains, Carmes, en prise directe avec le monde, attirent beaucoup plus de jeunes épris d'une vie de pauvreté, mais qui veulent rester en contact avec leurs contemporains pour être à même de leur porter la Bonne Nouvelle.

L'économie est également en pleine mutation. D'agraire et rurale qu'elle était aux siècles précédents, elle devient commerçante et urbaine. Les Cisterciens sont trop éloignés des centres de décision et de commerce. La baisse de l'économie agricole, la raréfaction des convers au cours du XIVe siècle mettent les grandes abbayes dans des situations financières difficiles. Les terres sont moins bien exploitées, elles doivent être concédées à des fermiers faute de main-d'œuvre. De ce fait, les moines, affrontés à des problèmes de gestion pour assurer la survie de leurs maisons, consacrent moins de temps à la prière et à la méditation. La discipline se relâche, les mœurs s'affadissent et le primitif esprit cistercien est en passe de s'édulcorer.

Par ailleurs, le pouvoir politique, surtout en France, est la source de conflits. Les rois de France, toujours en difficulté, demandent des subsides à un ordre que l'on sait riche, et qui le reste encore. Les Chapitres généraux regimbent et en appellent au pape, qui leur donne raison. Avec un roi énergique et jaloux de ses prérogatives comme Philippe le Bel, les rapports sont très tendus. Ils prennent un tour extrêmement aigre dans l'affaire de Bernard Saisset.

Bernard Saisset, évêque de Pamiers, était en conflit avec le roi de France pour une question de partage de souveraineté. Philippe le Bel prétendait exercer sa juridiction sur la ville de Pamiers en excluant l'évêque. L'affaire s'envenima et prit des proportions énormes. L'évêque ne parlait rien de moins que de rendre indépendante Pamiers, qui n'appartenait pas, disait-il, au royaume de France. Il voulait créer une souveraineté autonome pour le comte de Foix. Bernard Saisset fut cité à comparaître devant la justice du roi représenté par deux enquêteurs envoyés à Toulouse. Il fut emprisonné et envoyé à Paris au cours de l'été 1301 pour y être accusé de crime de lèse-majesté, de trahison et d'hérésie. De nationale, l'affaire passa au plan international lorsque le pape Boniface VIII s'en mêla et ordonna au roi de France de mettre Bernard Saisset en liberté dans des termes qui n'avaient rien de diplomatiques :

« *Nous prions et exhortons ta Grandeur, t'ordonnant par ces lettres apostoliques de laisser cet évêque libre de s'en aller (...) et de ne jamais étendre ainsi à l'avenir tes mains cupides, mais de te comporter toujours de telle manière que la divine majesté ou la dignité du Siège apostolique n'en soient pas offensées.* »

Philippe le Bel libéra Saisset et le chassa du royaume. L'évêque de Pamiers partit pour Rome où il mourut quelques années plus tard. Cette affaire allait avoir sa conclusion avec l'attentat d'Anagni, en 1303, où l'agression de Guillaume de Nogaret contre Boniface VIII entraîna la mort de celui-ci un mois après.

Dans cette affaire, les Cisterciens avaient pris fait et cause pour le pape. L'abbé de Cîteaux refusa d'approuver la position du roi de France. Il fut emprisonné au Châtelet de Paris. Ces conflits politiques se doublaient de conflits d'ordre religieux. Certains évêques n'acceptaient pas l'exemption dont le privilège accord par le pape rendait l'Ordre indépendant de toute juridiction épiscopale. D'autre part, les autorités ecclésiastiques reprochaient aux Cisterciens de s'immiscer dans la pastorale réservée au clergé séculier et de percevoir des dîmes, ce qui était incompatible avec l'observance de la Règle qui ordonnait de n'avoir pas de contact avec le monde extérieur et de ne pas exercer d'activités pastorales ou d'enseignement. L'Ordre gardait toujours son importance et son influence, mais c'étaient là des signes avant-coureurs d'une certaine dégradation.

Dans les années 1320-1330, les difficultés vont augmenter. Le pape Jean XXII – la papauté était maintenant fixée à Avignon – réorganise le système financier de l'Église, poussé par la nécessité de trouver de nouvelles ressources. Il crée des contributions dont sont frappés les monastères. Par ailleurs, le pape perçoit une taxe à la nomination de tout nouveau dignitaire, évêque, prélat, abbé. Dans une abbaye, l'abbé nouvellement élu prélève cette taxe sur les revenus du monastère.

Les monastères français sont les plus durement touchés par cette réforme de la fiscalité pontificale. Pour subvenir à ces besoins, ils diversifient leurs activités et se dispersent, entraînant un non-respect de la clôture et une négligence des obligations de la Règle. D'où un appauvrissement de l'idéal monastique et une baisse de la ferveur religieuse.

Une autre cause de la décadence de l'esprit cistercien fut, au début du XIVe siècle, la mainmise du pape sur la nomination des abbés. Jean XXII, pape réformateur, décida de nommer à la tête des grandes abbayes des hommes de valeur aptes à diriger ces ensembles monastiques importants. Cette décision remettait en cause deux des principes essentiels de l'organisation cistercienne : l'élection de l'abbé par les moines et le système des filiations. Quelle serait la valeur du lien qui reliait une abbaye fille à son abbaye mère puisque le chef de cette abbaye ne sortirait pas de ses rangs et ne pourrait pas être librement élu ?

La centralisation pontificale, qui commençait à se faire jour, était en contradiction avec l'autonomie de chaque maison. Après le pontificat de Jean XXII (1316-1334), son successeur Benoît XII, conscient de la dégradation qui survenait dans la plupart des abbayes, tenta d'y remédier. C'était un ancien moine cistercien, Jacques Fournier, qui avait fait profession à l'abbaye de Boulbonne, près de Toulouse, et avait été abbé de Frontfroide avant d'être nommé évêque de Pamiers, puis de Mirepoix. Il est un des grands papes d'Avignon, celui qui commença la construction du palais de Papes. Il s'était distingué à l'époque où il était évêque de Pamiers en menant les enquêtes de l'Inquisition contre les Cathares du Languedoc. Il promulgua, en 1335, la bulle *Fulgens sicut stella*, qui présentait un texte portant sur la réforme de l'Ordre cistercien. Il intervenait pendant qu'il était temps, avant que l'Ordre n'eût complètement perdu la vigueur et l'austérité de ses origines. La libre élection des abbés était rétablie, la réunion régulière du Chapitre général et la clôture stricte imposées. Benoît XII, qui connaissait mieux que quiconque la Règle et le mode de vie des Cisterciens, voulait redresser une situation, qu'il jugeait déjà compromise, en revenant à la pureté primitive, mais en acceptant des adaptations imposées par le temps et l'évolution des mœurs. La bulle insistait sur la nécessité d'une saine gestion des communautés pour les mettre à l'abri de la tentation de trouver leurs ressources en dehors de leur abbaye. Un autre point important du document pontifical était la place accordée au travail intellectuel. Il était permis d'envoyer des étudiants particulièrement doués dans les Universités de Paris, de Toulouse ou d'Oxford. Des collèges seraient créés pour les accueillir. Malheureusement, après la mort de Benoît XII en 1342, les papes revinrent sur plusieurs de ses décisions et les recommandations restèrent lettre morte.

C'est sous le pontificat de Clément VI (1342-1352) que le régime de la commende fut instauré dans les monastères. Les supérieurs des communautés n'étaient plus élus, mais nommés par le pape et choisis parmi les ecclésiastiques qu'il voulait honorer ou récompenser. En général, ces religieux venaient du haut clergé. L'abbé ne résidait plus dans son abbaye, où il était représenté par un abbé auxiliaire ou un prieur, mais il touchait une grande partie des revenus de son monastère. L'effet désastreux de ce système fut d'une part d'accroître le déficit économique, et d'autre part d'encourager l'indiscipline et les manquements à la Règle.

Par ailleurs, cette seconde moitié du XIVe siècle vit se produire des événements politiques et sociaux qui mirent le monde en danger. En 1348 éclata l'épidémie de peste noire, qui décima plus de la moitié de la population de l'Europe. Toutes les classes sociales furent atteintes, en particulier les monastères qui, une fois de plus, virent leurs ressources diminuer. Les pertes de moines et de convers dans les abbayes n'étaient pas compensées par de nouvelles vocations. En outre, la guerre de Cent Ans (1338-1463) eut des conséquences désastreuses sur les abbayes. Les ravages causés par les opérations et par les troupes, aussi bien dans les campagnes que dans les villes, entraînèrent non seulement des pertes matérielles, mais aussi un marasme économique.

Beaucoup de monastères cisterciens furent détruits, les champs mis en friche, les récoltes brûlées. Les prix agricoles augmentèrent. Tout cela contribua à appauvrir le pays. L'abbaye de Cîteaux fut pillée par les routiers en 1350. Elle dut contribuer au paiement d'une somme de 200 000 moutons d'or pour que le roi d'Angleterre évacuât ses troupes. En 1360, l'abbaye fut une nouvelle fois détruite par les Anglais et les moines furent forcés de se réfugier à Dijon. En 1438, Cîteaux était à nouveau dévastée par la soldatesque. L'abbé Jean Picard demeura comme otage entre les mains des soldats pendant plusieurs semaines.

Le grand schisme d'Occident qui survint entre 1378 et 1417, jeta le trouble dans l'Europe entière. Les souverains étaient divisés entre deux papes, celui de Rome Urbain VI et celui qui était resté à Avignon, Clément VII. Le monde religieux suivait les mêmes divisions, Cîteaux et le Chapitre général qui subissaient l'influence française prenaient parti pour Clément VII, les autres abbayes étrangères penchaient pour Urbain VI qui se considérait comme le pape légitimement élu. Il excommunia l'abbé de Cîteaux et constitua un nouveau Chapitre général. Le schisme eut des conséquences désastreuses sur l'organisation de l'Ordre et sur la discipline. Comme il y avait deux papes, il y eut deux Ordres de Cîteaux, chacun étant comblé de privilèges par l'un et l'autre pape. Le Concile de Bâle en 1414-1418 mit fin au grand schisme avec l'élection de Martin V, mais il eut un résultat funeste pour les Cisterciens. Ce Concile avait condamné comme hérétique Jean Huss, professeur à l'Université de Prague. Ses partisans, les Hussites, entrèrent en révolte ouverte contre l'Église. En Bohême-Moravie, plus de trente monastères cisterciens furent brûlés et la plupart des moines tués.

Tous ces événements provoquèrent une décadence de l'Ordre, particulièrement évidente à la fin du XIVe siècle. Sur le plan économique, la plupart des abbayes étaient ruinées, le recrutement ne se faisait plus, plusieurs monastères étaient réduits à l'état de simple grange et devaient se rattacher à d'autres maisons pour survivre. Sur le plan spirituel, le lien qui faisait l'unité entre les différentes abbayes, l'observance de la Règle, était rompu.

La fin du grand schisme permit cependant à l'Ordre de se ressaisir et de tenter de rétablir son unité. Le Chapitre général, réuni validement pour la première fois en 1422, prit des mesures tardives pour rétablir l'ordre. Il désigna des visiteurs qui contrôlèrent « avec sévérité » l'organisation des abbayes et qui essayèrent de redonner à la Règle sa pureté primitive. C'est ainsi qu'au cours des années 1423-1426, ces visiteurs envoyés en Allemagne, en Suède, en Norvège et en Angleterre dressèrent un véritable audit de l'Ordre cistercien. Le résultat était assez sombre. En 1439, le Chapitre général promulgua les *Rubriques des Définiteurs*, qui codifiaient les règles antérieures et imposaient un retour aux usages du début. L'habit cistercien, qui avait subi diverses modifications, fut restitué tel qu'il était dans les premiers temps. Les nouvelles constitutions insistaient tout particulièrement sur l'abstinence de la viande et sur le jeûne.

Le pape Eugène IV, en 1438, essaya de modifier le système de la commende toujours en usage, mais qui était passé entre les mains des rois. Il exigea que l'abbé fût toujours un moine et non pas un prélat séculier.

Le vent de réforme était dans l'air. Il soufflait d'un peu partout, des Pays-Bas, à Sibculo et à Jardinet, où des regroupements de monastères s'organisaient pour observer la Règle stricte et pratiquer une dévotion centrée sur la méditation personnelle et la prière individuelle. De semblables mouvements s'observaient en Allemagne, en Bohême et en Pologne. Cela n'allait pas sans heurts. Le Chapitre général n'arrivait plus à contrôler ces communautés « nouvelle formule », en particulier en Espagne où un moine cistercien, Martin de Vargas, réunit plusieurs maisons réformées en une congrégation dont il prit la tête avec le titre de grand réformateur. Ce mouvement espagnol allait aboutir, à l'encontre du but recherché, à une sécession qui groupait les abbayes de Castille et qui prit le nom d'Observance régulière de saint

Bernard. En Italie se créa de même une congrégation italienne de saint Bernard, approuvée par le pape Jules II.

Dans le but de redonner à l'Ordre cistercien l'éclat et la vigueur qu'il avait eus au XIIᵉ siècle, les autorités ecclésiastiques et laïques voulurent pallier cet émiettement en de multiples congrégations que pratiquement plus aucun lien ne reliait. Le pape Innocent VIII confirma à l'abbé de Cîteaux, par la bulle de 1489, tous ses anciens privilèges, en particulier ceux d'intervenir directement dans quelque abbaye que ce fût et de bénir tous les abbés et toutes les abbesses de l'Ordre. L'abbé de Cîteaux était rétabli abbé primat, chef de l'Ordre.

Les rois de France Louis XI et Charles VIII, à la même période, appuyèrent l'abbé de Cîteaux pour entreprendre une réforme profonde de l'Ordre, qui en avait besoin après des années de guerres et de dévastation. L'abbé Jean de Cirey, après avoir pris conseil des abbés des plus importantes maisons, promulgua une série de seize articles, dits de Paris, dans lesquels il rappelait et précisait les points essentiels de la Règle : clôture absolue, pratique du silence, interdiction pour le moine de posséder tout bien propre, abstinence de la viande quatre jours par semaine ainsi que pendant l'Avent et le Carême. Mais c'étaient des réformes de surface et elles le resteraient tant que le véritable esprit cistercien de pauvreté, d'humilité et d'obéissance n'aurait pas été restauré.

Ces mesures devinrent insuffisantes au moment même où éclata la crise de la Réforme protestante.

En effet, après les fléaux matériels (guerre de Cent Ans) et spirituels (grand schisme) du milieu du XVᵉ siècle, l'Église se trouvait maintenant confrontée à un problème de fond beaucoup plus radical ; celui de la Réforme, issu lui-même d'une nouvelle forme de civilisation et d'un nouvel état d'esprit : la Renaissance.

La Renaissance impose un mode de pensée complètement différent de celui du Moyen Âge. L'esprit du Moyen Âge est un esprit imprégné de christianisme et centré sur Dieu. Celui de la Renaissance est au contraire un esprit humaniste centré sur l'homme. Ce qui remet en cause les pouvoirs de l'Église aussi bien sur le plan temporel que sur le plan spirituel. Par contre-coup, ce sont des organismes, des corps d'Église qui vont pâtir de ce mouvement de pensée. C'est ce qui explique la profondeur du mal dont souffrirent les ordres religieux, l'Ordre cistercien en particulier.

Les motivations qui poussaient un jeune homme à entrer dans une abbaye cistercienne n'étaient plus parce que l'esprit de Cîteaux n'existait plus. La nouvelle morale atteignait la société tout entière. L'individualisme prenait la place de la solidarité qui avait marqué l'esprit du Moyen Âge. La vie monastique communautaire, enfermée dans les limites d'une clôture, n'attirait plus personne. Une nouvelle forme de vie religieuse était à trouver, et ce fut le génie d'Ignace de Loyola, en comblant ce vide, qui fit le succès de la Compagnie de Jésus. Elle adaptait le nouvel humanisme à l'esprit chrétien.

La Réforme protestante s'attaqua directement aux monastères, dont beaucoup disparurent. L'abbaye de Locum, dans le Hanovre, passa entièrement au luthérianisme et fut le premier monastère luthérien qui observa le règlement monastique. L'abbé luthérien avait un auxiliaire catholique qui le représentait au Chapitre général. Un nombre considérable de moines et de moniales entendirent les appels de Luther et passèrent dans les rangs de ses disciplines. Luther n'était-il pas lui-même un ancien moine augustin ? Les Chapitres généraux condamnaient les nouvelles doctrines. Le passage au protestantisme de nombreux princes allemands entraîna également la fermeture des maisons cisterciennes. Alors que celles-ci avaient été florissantes en Saxe, Prusse et Wurtemberg, il n'en restait pratiquement plus en 1560. Elles disparurent totalement des États scandinaves. En Angleterre, la rupture d'Henri VIII avec Rome provoqua la suppression des établissements monastiques. Il n'y avait plus de moines dans un pays dont le roi se proclamait le chef religieux. En France, les abbayes subirent les effets des guerres de religion. Partout où les troupes protestantes passaient, les abbayes étaient pillées ou détruites. Sénanque en 1560, La Ferté en 1562 pour ne citer que les plus anciennes et les plus connues.

Cîteaux est ruinée en 1574 par les troupes de Condé. À peine relevée de ses ruines, elle est à nouveau endommagée en 1589 et en 1598. Pour être reconstruite, elle doit vendre une grande partie de ses domaines parmi lesquels les célèbres vignes de Pommard. Lorsque la paix fut rétablie par Henri IV en 1599, plus de deux cents abbayes auront subi les conséquences de la guerre civile et les méfaits des troupes, aussi bien du côté protestant que du côté catholique. Alors qu'en pleine période de prospérité, l'Ordre comptait sept cent quarante abbayes d'hommes dans toute l'Europe, à la fin du XVe siècle, il restait moins de quatre cents maisons, surtout concentrées en France. À cette diminution du nombre d'établissements s'ajoutait la diminution du nombre des effectifs dans chaque monastère. Beaucoup de maisons avaient moins de dix moines. À l'abbaye mère de Cîteaux, qui comptait cent moines avant les guerres de religion, il n'en restait plus qu'une vingtaine à la fin du siècle.

Seule l'abbaye de Clairvaux gardait un effectif important : cent trente moines avec un personnel laïc d'ouvriers salariés au moins aussi nombreux. Était-ce le souvenir ou la protection de saint Bernard ? La décadence était tout aussi importante dans les monastères de femmes.

L'Ordre cistercien, cette branche vigoureuse de la famille bénédictine, était-il condamné à disparaître ou à vivre misérablement, éparpillé en de multiples petites congrégations ? Pour l'en empêcher, un événement tout au moins aussi important que la Réforme protestante va surgir. C'est la Contre-Réforme, la Réforme catholique.

IV.

LE RENOUVEAU

Consciente de ses insuffisances et de ses erreurs, l'Église catholique veut enrayer les dégâts causés par la Réforme. En 1545, elle convoque à Trente un concile chargé d'entreprendre la remise en état de la maison, c'est-à-dire, en accord avec les objectifs de la papauté, d'affirmer le dogme, de redonner des bases solides aux institutions, de rénover les conditions de vie du clergé et de pratiquer une évangélisation des fidèles adaptée au nouvel état d'esprit.

Les ordres monastiques avaient leur place dans ce nouveau programme. Ils étaient des foyers de vie spirituelle capables d'influencer les mentalités. Beaucoup d'entre eux, par leurs capacités économiques, pouvaient participer au renouveau des pays durement touchés par les guerres. Après quelque vingt années de discussions, le 3 décembre 1563, le Concile publia le décret de réforme des ordres religieux. Il précisait et imposait les conditions de la vie régulière : la clôture, la profession de vie religieuse par des vœux définitifs, l'interdiction de posséder tout bien personnel, la pratique du vœu de pauvreté et la tenue régulière des Chapitres généraux.

S'inspirant de ces règles générales, l'abbé de Clairvaux, le cardinal Jérôme de la Souchière, promulgua, en 1570, les Ordonnances qui portaient plus particulièrement sur la réforme de l'Ordre cistercien et qui adaptaient les conditions générales du décret aux conditions particulières de la règle de saint Benoît. Cette réforme voulait rétablir l'Ordre tel qu'il était à sa création. En même temps, le premier Chapitre général tenu après le Concile envoya des visiteurs dans les différents monastères pour se rendre compte de la situation et dresser, en quelque sorte, un état des lieux. En maints endroits, il s'avéra catastrophique tant les dégâts laissés par la Réforme protestante et les guerres de religion étaient importants. L'Allemagne seule avait échappé à la règle commune et les maisons cisterciennes y étaient encore relativement prospères.

L'Ordre eut la chance d'avoir à sa tête, en ces périodes cruciales pour son avenir, des abbés énergiques : dom Nicolas Boucherat, abbé de Cîteaux de 1572 à 1586, puis à sa mort dom Edme de la Croix, et à la mort de ce dernier en 1604 dom Nicolas II Boucherat, neveu du premier Boucherat. Ils appliquèrent le programme tracé par Jérôme de la Souchière. Pour mieux diriger l'Ordre, ces abbés regroupèrent les abbayes dans des congrégations nationales, ce qui permettait un meilleur contrôle par le Chapitre général et les visiteurs. On créa ainsi une congrégation de Haute-Allemagne regroupant les abbayes de Bavière, d'Alsace, de Suisse et de Souabe-Franconie. En Italie, deux congrégations rassemblaient, la première, les maisons du sud de la Péninsule (Calabre et Pouilles), et la seconde, les maisons des États de l'Église et du royaume de Naples. De même, en Espagne, se constitua la congrégation d'Aragon, englobant l'Aragon, Valence, la Catalogne et Majorque. Les monastères français, eux, restèrent organisés suivant le système des filiations de Cîteaux.

Au début du XVIIIe siècle, il existait donc en Europe cinq congrégations nationales et les monastères français. Le gouvernement de l'Ordre était toujours assuré par le Chapitre général dirigé par l'abbé de Cîteaux, assisté des abbés des quatre premières abbayes. Ce Chapitre général imposait ses décisions aux congrégations nationales, qui gardaient cependant, du fait de leur éloignement, une large autonomie. Chaque congrégation nationale était présidée par un abbé-président, élu par un Chapitre national.

Cet ensemble cistercien rénové gardait une certaine cohésion, mais il restait fragile. Une cause de faiblesse était le maintien de la commende que le Concile n'avait pas réussi à supprimer. Le régime commendataire se répandit au cours du XVIIe siècle, surtout en France, où toutes les grandes abbayes avaient des abbés commendataires. L'exemple le plus éclatant était celui du cardinal de Richelieu, élu abbé de Cîteaux en 1635, mais qui ne résida jamais à l'abbaye où il était représenté par un vicaire général. Il était en même temps abbé de Cluny et d'autres grands monastères dont il touchait les revenus.

Par ailleurs, de nouveaux courants se manifestaient dans l'Ordre cistercien. À côté de la réforme introduite par dom Nicolas Boucherat, certains religieux, attachés à l'observance du premier Cîteaux, voulaient faire revivre l'idéal des pères fondateurs. C'est ainsi qu'en 1574, un abbé commendataire de l'abbaye de Feuillant, petite-fille de Morimond, Jean de la Barrière, fonda l'Ordre des Feuillants. Alors qu'il n'était ni prêtre, ni moine, il prononça des vœux monastiques, se fit ordonner prêtre et entreprit la réforme de son monastère. Il imposa une règle très sévère, qui s'apparentait à la première règle de Cîteaux et créa un nouvel institut, de tradition cistercienne, mais autonome par rapport à l'Ordre. Le pape Sixte IV consacra la congrégation des Feuillants en 1586 et lui permit de créer des maisons en France et à l'étranger. Jean de la Barrière fonda un couvent à Paris, et le nom de Feuillants sera souvent prononcé au cours de la Révolution française. Il y aura un club révolutionnaire des Feuillants. En 1630, la congrégation comptait trente maisons en France et quarante-trois en Italie.

C'est dans ce contexte que naquit ce que l'on appela « la guerre des observances ». Vers 1606, à l'abbaye de Châtillon, fille de Clairvaux, l'abbé dom Octave Arnolphini, instaura une réforme dite de « l'étroite observance ». Cette réforme, comme toutes celles entreprises jusqu'à ce moment-là, n'avait qu'un but : restituer à l'Ordre son état primitif, tel qu'il était à l'époque d'Étienne Harding et de Bernard de Clairvaux. Les tentatives de Nicolas Boucherat et d'Edme de la Croix étaient déjà allées dans ce sens. Un texte avait été rédigé en 1601 et soumis à chaque abbaye qui était appelée à donner son avis. En 1604, ce document fut revu par une assemblée d'abbés réunis à Paris, mais le Chapitre général refusa de le promulguer et se borna à reprendre les décisions déjà arrêtées en 1584. Le Chapitre général craignait que ces nouvelles dispositions n'entraînassent des tentatives de sécession de la part de certains abbés réformateurs. Dom Octave Arnolphini se trouvait à la tête de ces réformateurs. Abbé commendataire de la Charmoye, il se prit au jeu. Il fit profession à Clairvaux et revint diriger son abbaye. Véritable converti, il voulut aussitôt restaurer les anciennes coutumes. De Charmoye, Arnolphini passa en 1605 au monastère de Châtillon. Avec d'autres abbés, Denis Largentier de Clairvaux, Étienne Mauger de la Charmoye, il promit « *d'observer à la lettre la règle de saint Benoît conformément aux statuts, constitutions et décrets de nos anciens chapitres généraux, sans aucun égard aux dispenses, privilèges et mitigations surprises aux souverains pontifes par des supérieurs relâchés* ».

Le Chapitre général, à qui les réformateurs soutenus par l'abbé de Cîteaux, Nicolas II Boucherat, demandèrent de légiférer et de légaliser en quelque sorte leur projet, hésitait, car il craignait de voir cette réforme aboutir à la division de l'Ordre en plusieurs congrégations, chacune appliquant ou non la réforme. En 1618, il adopta une position moyenne, qui acceptait le principe de la réforme, mais qui sur le plan pratique se bornait au rappel des règles essentielles, antérieures. Le Chapitre général craignant un schisme, essayait donc de freiner. Cette date de 1618 marque la naissance de ce que l'on appellera dorénavant l'étroite observance.

Malgré les tergiversations du Chapitre général, la réforme se répandit dans plusieurs monastères : Longpont, La Blanche, Les Vaux-de-Cernay, la Charmoye, alors que d'autres le refusaient. En 1620, le roi de France Louis XIII, inquiet de voir la scission s'introduire dans l'Ordre de Cîteaux, pour lequel il avait une prédilection particulière, écrivit au pape Grégoire XV en lui demandant de prendre en main les problèmes qui agitaient l'Ordre. Le pape répondit en nommant un commissaire apostolique chargé de la réforme des ordres de saint Augustin, saint Benoît, Cluny et Cîteaux. Ce prélat était le cardinal François de La Rochefoucauld, ancien évêque de Clermont, abbé de Sainte-Geneviève, grand-aumônier de France et président du Conseil d'État, favorable à la réforme. Le bref du pape, « *Speculator Domus Israël* » lui donnait tous pouvoirs pour régler ces problèmes de réforme. Désormais c'était la lutte ouverte entre réformistes et anti-réformistes.

En 1623, le cardinal de La Rochefoucauld réunit à Paris une assemblée chargée de statuer sur la réforme de l'Ordre. Le document, qui érigeait une congrégation de monastères affiliés à Clairvaux, était signé par onze abbés dont celui de Cîteaux et par six moines. Le Chapitre général refusa d'entériner cet acte qui préludait – disait-il, à un schisme. D'autres ordres, en particulier Cluny, protestèrent avec vigueur contre le formulaire et accusèrent le cardinal d'abus de pouvoir. Le pape Grégoire XV mourut en juillet 1623. Le 14 juillet, les nouveaux réformés tinrent leur premier chapitre à l'abbaye des Vaux-de-Cernay. À cette date, l'étroite observance comptait huit maisons, dont Clairvaux. L'abbé de Cîteaux, en visite dans cette abbaye, fut édifié par la vie des moines et ne tarit pas d'éloges sur la nouvelle observance.

Malheureusement, dom Denis Largentier, un des plus fermes soutiens de la réforme, mourut le 25 octobre 1624. Son neveu, Claude Largentier, lui succéda. Adversaire résolu de la réforme, il rétablit l'ancienne observance, que l'on qualifiait de commune observance, et il chassa de Clairvaux les moines qui voulaient continuer à pratiquer l'étroite observance. Les choses s'envenimèrent lorsque l'évêque de Langres, dont dépendait Clairvaux, délégué par le cardinal de La Rochefoucauld, se présenta au monastère pour rétablir la réforme. Il en fut chassé par l'abbé. Le Parlement de Paris prit le parti des mitigés et les réformés de Clairvaux furent obligés de quitter l'abbaye.

En 1625, mourut à Cîteaux l'abbé Nicolas II Boucherat, qui était partisan de la réforme. L'élection de son successeur donna lieu à une lutte entre pro et anti-réformistes. Ces derniers l'emportèrent, et c'est l'abbé de Saint-Sulpice, près de Bourg-en-Bresse, Pierre Nivelle qui fut élu. Pendant ce temps-là, le cardinal de La Rochefoucauld, confirmé par le nouveau pape Urbain VIII, continuait ses efforts en vue de faire adopter l'étroite observance dans tous les monastères cisterciens. Il convoqua en novembre 1633 une nouvelle assemblée des supérieurs de Cîteaux pour travailler à la réforme de l'Ordre. L'abbé de Cîteaux, Pierre Nivelle, refusa de s'y rendre, suivi par les abbés de La Ferté, de Morimond et de Clairvaux. Seule des quatre premières abbayes, celle de Pontigny répondit à l'appel du cardinal. Devant cette mauvaise volonté évidente, La Rochefoucauld, qui avait reçu tous pouvoirs du pape, promulgua en 1634 une ordonnance de réforme : *Projet de sentence pour le rétablissement de l'ordonnance régulière de Cîteaux.*

Cette ordonnance limitait les pouvoirs du Chapitre général, confirmait ceux du vicaire général de l'Ordre, dom Étienne Maugier, chargé de la direction de toutes les abbayes réformées de France, et permettait aux seules abbayes réformées de recevoir des novices. Ce décret établissait également que l'abbé de Cîteaux, tête de l'Ordre, devait être choisi parmi les Cisterciens de l'étroite observance. C'était donc donner tous pouvoirs aux réformés, qui seuls pouvaient recruter des postulants.

Les quatre premiers abbés firent appel auprès du cardinal de Richelieu, principal ministre du roi, pour les débarrasser du cardinal de La Rochefoucauld et ils le supplièrent de prendre la tête en devenant « chef d'Ordre ». Richelieu, qui n'attendait que cela, convoqua à Royaumont le 25 mars 1625, une assemblée composée de l'abbé de Cîteaux et des abbés des quatre premières abbayes. Il leur présenta un programme connu sous le nom d'*Articles de Royaumont*. Les abbés sentirent qu'ils n'avaient qu'à s'incliner, d'autant plus que Louis XIII, par lettres patentes, ordonnait l'exécution du décret de La Rochefoucauld.

La réforme fut immédiatement appliquée au collège Saint-

Bernard, à Paris. La Rochefoucauld usa de la manière forte : il envahit le collège avec une garde armée, déposa le supérieur et installa à sa place un abbé de la réforme, Jean Jouaud. Mais les abbés hostiles à la réforme n'abandonnèrent pas. Ils demandèrent à Richelieu d'accepter le titre d'abbé de Cîteaux. Le ministre donna son accord et le 19 novembre 1635, l'abbé Jean Nivelle annonça qu'il démissionnait. Richelieu fut élu à l'unanimité. Il était déjà abbé de Cluny depuis 1629. Le 22 décembre 1635, le cardinal-duc Armand de Richelieu, principal ministre de Louis XIII, reçut du roi les lettres patentes de confirmation. Il prit possession de son siège abbatial en janvier 1636 par l'intermédiaire de M. Froissard, docteur en Sorbonne, entre les mains de qui les moines de Cîteaux firent acte d'obéissance. Le cardinal-ministre nomma un abbé auxiliaire en la personne de Charles Boucherat, abbé de Pontigny, qui résiderait à Cîteaux, et en même temps il confirma dom Étienne Maugier comme vicaire général de l'étroite observance. Poursuivant son œuvre de réformateur, Richelieu confirma l'ordonnance de La Rochefoucauld, maintint la réforme du collège Saint-Bernard et décréta que dorénavant les noviciats seraient établis suivant la règle de l'étroite observance.

En 1637, Cîteaux fut réformée d'après les nouveaux décrets, et il fut décidé qu'elle servirait de noviciat commun à tous les établissements de l'Ordre. Les religieux qui n'acceptaient pas le nouveau règlement seraient transférés dans des monastères mitigés. Plus de vingt-cinq abbayes suivirent l'exemple de Cîteaux en quatre ou cinq ans. Enfin, celui qui avait été à l'origine de la réforme, dom Octave Arnolphini, abbé de Châtillon, devint vicaire général de l'Ordre en remplacement d'Étienne Maugier, arrivé au terme de son mandat. C'était le triomphe de l'étroite observance.

Malheureusement, la guerre que l'on croyait terminée, ou tout au moins apaisée, se réveilla à la mort de Richelieu en décembre 1642. Le roi fit immédiatement nommer prieur de Cîteaux dom Jean Jouaud, supérieur du collège Saint-Bernard, un des plus ardents partisans de la réforme, en attendant l'élection d'un nouvel abbé. Les religieux qui avaient été expulsés de Cîteaux s'empressèrent d'y revenir et firent appel contre la réforme auprès du pape. Avant d'avoir reçu une réponse, ils élirent dom Claude Vaussin, prieur de Froimond, partisan des mitigés. Un arrêté du roi cassa cette élection, ordonna que tous les religieux anciens regagnassent leurs monastères et confirma l'abbé Jean Jouaud comme supérieur de Cîteaux. La guerre reprenait.

En 1643, Louis XIII mourut. Les anciens, une nouvelle fois, firent appel à Rome. Le pape nomma une commission de trois évêques qui maintint l'ordonnance de La Rochefoucauld de juillet 1634. Le Conseil de régence et la régente Anne d'Autriche furent saisis par les mitigés de ce qu'ils appelaient un abus de pouvoir. Le conseil leur donna raison. On ne savait plus où on en était : Rome pour les réformés, Paris pour les mitigés. En mai 1645, l'Ordre de Cîteaux avait en fait deux abbés : dom Jean Jouaud, abbé de Prières, élu par les réformés, et dom Claude Vaussin, ancien prieur de Froimond élu par les mitigés. Celui-ci reçut du jeune roi Louis XIV le brevet de confirmation. Dom Vaussin prit possession de son siège le 15 janvier 1646. Il renvoya tous les moines qui avaient opté pour la réforme et il essaya de trouver un compromis. Mais aucune solution acceptable ne fut adoptée.

En 1648, le roi Louis XIV vint à Cîteaux. L'abbé l'y reçut avec une magnificence inouïe. Il assista au Chapitre général. La guerre continuait entre les deux observances, aucune des parties ne voulant céder. Les appels auprès du roi ou auprès de Rome se multipliaient, ainsi que les procès auprès du Grand Conseil. Ils n'excluaient pas les actes de violence comme ceux par lesquels dom Vaussin s'empara du collège Saint-Bernard, des coffres et de l'argent et destitua le supérieur. En 1661, dom Vaussin décida d'en finir et il alla à Rome plaider sa cause auprès du pape Alexandre VII. Il sut se montrer persuasif puisque le pape promulgua le 16 janvier 1662 un bref qui mettait fin à la contestation entre réformés et mitigés. Il était nettement en faveur des mitigés.

V.

RANCÉ

L'année 1664 allait marquer un net changement dans l'évolution de l'Ordre avec l'apparition sur la scène religieuse de l'abbé de Rancé Armand-Jean Le Bouthillier, celui que l'on surnomma l'abbé Tempête.

L'abbé de Rancé était né en 1626 d'une famille apparentée à la haute noblesse, qui avait donné à l'Église Victor le Bouthillier, archevêque de Tours, premier aumônier du duc d'Orléans, Sébastien Le Bouthillier, évêque d'Aire, et à l'État Claude Le Bouthillier, seigneur de Pons et de Foligny, secrétaire d'État, surintendant des finances et grand-trésorier des Ordres du roi.

Le père d'Armand était Denis Le Bouthillier, seigneur de Rancé, président de la Chambre des comptes et secrétaire de la reine-régente, Marie de Médicis. Le futur abbé de La Trappe était son second fils. Baptisé à la paroisse Saint-Côme et Saint-Damien de Paris, il était le filleul du cardinal de Richelieu et de la marquise d'Effiat. Sa famille le destinait, comme tout cadet, à une carrière ecclésiastique. Marie de Médicis avait une grande affection pour lui et la protection de son parrain lui assura dès sa jeunesse de solides prébendes : chanoine de Notre-Dame de Paris, abbé de La Trappe, de Notre-Dame du Val, de Saint-Clémentin en Poitou, chanoine de Tours et archidiacre d'Outre-Mayenne. Après la mort de Richelieu en 1642, la faveur royale se continua. Rancé poursuivait son éducation et suivait des cours de théologie et de philosophie. Il dédia sa thèse à la mère du jeune roi

Louis XIV, Anne d'Autriche. Pendant ses études, il rencontra un autre grand génie de ce siècle, Jacques-Bénigne Bossuet, natif de Dijon, futur évêque de Meaux, avec qui il se lia d'amitié. Tonsuré en 1635, licencié en théologie en 1649, premier, alors que Bossuet n'était que troisième, il reçut les ordres mineurs en 1650 des mains de son oncle, l'archevêque de Tours. Enfin, le 22 janvier 1651, il était ordonné prêtre, donc un prêtre très bien armé sur le plan théologique et dogmatique.

La période de la Fronde fut pour notre abbé un temps d'agitation et de passions au cours duquel il participa activement aux événements qui mettaient en cause l'autorité royale. Il tomba amoureux – il avait vingt-quatre ans – de la duchesse de Montbazon, une des plus grandes dames de France, amie de la reine. Rancé était très introduit dans tous les salons de la Fronde, en particulier celui de la marquise de Rambouillet, la reine des précieuses. Il était également l'intime du remuant cardinal de Retz, coadjuteur de l'archevêque de Paris. L'hôtel de Montbazon était le lieu où il rencontrait tout ce que Paris comptait dans les lettres et la politique frondeuse. Sa propriété de Véretz, aux environs de Tours, l'accueillait quand il ne séjournait plus à Paris. Il y recevait ses amis, et, tout abbé qu'il était, il y menait une vie de plaisirs avec des fêtes brillantes.

Mazarin, qui n'aimait pas tout ce qui lui rappelait la Fronde, tenait Rancé en suspicion. Il s'opposa à son avancement. Rancé lui-même refusa l'évêché de Léon qu'il trouvait trop modeste pour quelqu'un de sa qualité. L'état d'esprit qu'il manifestait à cette période de sa vie dépeint bien le personnage. À un ami qui lui demandait : « *Où vas-tu, l'abbé ? Que fais-tu aujourd'hui ?* », il répondait : « *Ce matin, prêcher comme un ange et ce soir chasser comme un diable.* » Il continuait ses relations amoureuses avec Mme de Montbazon, veuve du duc de Montbazon, gouverneur de Paris. Le duc, lorsqu'il l'avait épousée en secondes noces, était octogénaire. Sa nouvelle femme avait seize ans. Elle était plus jeune que sa belle-fille, la duchesse de Chevreuse, fille du premier lit du duc de Montbazon. Marie de Montbazon, fille de Claude de Bretagne, comte de Vertus, était célèbre pour sa beauté et son esprit. Elle était l'amie intime du prince de Condé, le vainqueur de Rocroi, du duc de Beaufort et du cardinal de Retz. Les relations entre Rancé et Mme de Montbazon s'accrurent à la mort de son mari. En 1653, le père de Rancé mourut, l'abbé devint le chef de famille et de sa maison, à la tête d'une fortune considérable. Il continuait à mener grand train. Le récit du prieur de La Trappe, Le Nain, ami de Rancé, résume bien ce que fut l'existence de Rancé jusqu'à sa conversion :

« *Une jeunesse passée dans les amusements de la cour, dans les vaines recherches des sciences, même damnables, après s'être engagé dans l'état ecclésiastique sans autre vocation que son ambition qui le portait avec une espèce de fureur et d'aveuglement aux premières dignités de l'Église, voilà quelle fut la vie de Monsieur Le Bouthillier jusqu'à l'âge de trente ans, toujours dans les festins, toujours dans les compagnies, dans le jeu, les divertissements de la promenade ou de la chasse.* »

En 1645, son oncle l'archevêque de Tours ayant démissionné de cette charge, Rancé fut nommé premier aumônier du duc d'Orléans, Gaston, frère de Louis XIII et oncle de Louis XIV. Peu de temps après, un grave événement changea sa vie et lui donna une tout autre orientation.

Mme de Montbazon mourut brutalement, d'une rougeole dit-on, sans que rien n'ait fait prévoir une fin aussi rapide. On parla de poison. Dès le jour de cette mort, Rancé se retira à Véretz pour trouver une solitude qui pourrait apaiser sa souffrance, car il avait aimé passionnément Marie de Montbazon. Il sombra dans la mélancolie la plus profonde et s'adonna même aux sciences occultes pour essayer de communiquer avec son amie disparue. Puis il se ressaisit et prit de fermes résolutions. Il eut recours à la pénitence et s'adressa à un Oratorien de Tours, le père Séguenot. Il changea complètement de mode de vie, congédia la plupart de ses domestiques, renonça aux plaisirs de la table, à la chasse et aux divertissements qu'il pratiquait auparavant. Il accompagna à Chambord

Gaston d'Orléans, en qualité de premier aumônier et logea au prieuré de l'ordre de Grandmont qui se trouvait proche du château. Il y goûta pour la première fois à la vie monacale. En janvier 1660, Gaston d'Orléans tomba malade et mourut rapidement. Ce fut un nouveau coup pour Rancé qui avait assisté le prince à l'heure de sa mort. Il écrivit à ce moment-là une très belle lettre à Arnauld d'Andilly dans laquelle il exprime toute sa peine :

« Je vous avoue que l'ayant assisté autant que je l'ai pu dans les derniers moments de sa vie, je suis tellement touché d'un spectacle si déplorable que je ne puis m'en remettre. Je confesse que je suis accablé de douleur. »

La mort en quelques années de deux êtres qu'il chérissait décida Rancé à couper les liens avec sa vie antérieure et à se retirer du monde. Il alla consulter son ami, l'évêque de Saint-Bertrand de Comminges, chez qui il résida quelques mois, aux pieds des Pyrénées. De retour à Véretz, encore indécis sur la vie qu'il voulait mener, il vendit ses biens. Il légua deux hôtels qu'il possédait à Paris à l'Hôtel-Dieu et à l'Hôpital général. Il se défit de sa terre de Véretz et donna le produit de la vente aux hôpitaux. De tous ses bénéfices ecclésiastiques, il ne gardait que l'abbaye de La Trappe, qu'il allait illustrer et qui allait illustrer son nom.

La Trappe, dans le patois du Perche, signifie le degré. Notre-Dame de La Trappe est Notre-Dame du Degré.

L'abbaye avait été fondée en 1122 par Rotrou, comte du Perche. Elle était fille de Savigny et petite-fille de Clairvaux. Très prospère pendant le Moyen Âge, à l'époque où Rancé en devint l'abbé effectif, elle était dans un état de délabrement pitoyable. Les portes étaient ouvertes jour et nuit, les bâtiments tombaient en ruine, les moines se logeaient comme ils voulaient et où ils pouvaient. L'office divin n'était pas assuré, car l'église abbatiale était en ruine. Le site lui-même était malsain : des étangs entouraient le monastère et entretenaient une humidité nuisible à la santé des occupants. Les religieux subissaient l'influence du milieu ambiant. Ils étaient à peine sept. Bref, c'était l'abandon et la désolation.

Désireux de se retirer du monde, Rancé choisit donc La Trappe dont il était l'abbé commendataire. En juin 1663, il entra au noviciat de Perseigne, abbaye proche de La Trappe, car il était prêtre, mais non pas moine. Il s'agissait d'une véritable « *conversio morum* », changement de vie, comme il était demandé à tout moine faisant profession. En prenant possession de son abbaye, l'abbé de Rancé voulait y introduire l'étroite observance. Il se heurta à l'opposition farouche des quelques religieux qui résidaient à La Trappe, parlant même de le poignarder ou de l'empoisonner. L'abbé menaça alors les moines d'en appeler au roi. Deux religieux favorables à la réforme arrivèrent à La Trappe pour aider Rancé. Il partit alors pour Paris afin de demander au roi la permission d'introduire la réforme dans son monastère. Les autorités ecclésiastiques essayèrent de le détourner de son projet en lui faisant entrevoir les difficultés qu'il allait rencontrer. Rancé persista dans ses intentions et obtint du roi le brevet lui permettant de tenir son abbaye « en règle », mais à la condition que, à la mort de son abbé, La Trappe retournerait à la commende.

En 1662, l'abbé de Rancé était allé visiter La Trappe et s'était rendu compte du travail qu'il aurait à faire pour relever ce monastère, tant sur le plan matériel que sur le plan spirituel. Mais la tâche ne le rebutait pas. Il écrivait à ses amis : « *Si je n'étais pas retenu par le poids de mes péchés, plusieurs siècles de la vie que je veux embrasser ne pourraient satisfaire un moment de celle que j'ai passée dans le monde.* »

Avant de prononcer ses vœux définitifs, il retourna à La Trappe et y lut son testament aux moines. Il s'accusait d'avoir causé scandale par son insouciance et sa vie dissolue, et donnait tout ce qui lui restait de sa fortune au monastère. Le matin même de ses vœux, il écrivit à Mère Louise de la Visitation, de Tours, qui détenait les lettres qu'il avait reçues de Mme de Montbazon, de brûler ce précieux dépôt, et de renvoyer les deux portraits qu'il avait d'elle à son fils, M. de Soubise. Puis il partit pour La Trappe afin de s'ensevelir dans la pénitence. Le 26 juin 1664, Rancé fit profession solennelle entre les mains de dom Michel de Guiton, à l'abbaye de Prières, avec deux autres novices, dont l'un, Antoine, avait été son domestique. Quelques jours après, Pierre Félibien prit possession de La Trappe au nom de l'abbé de Rancé en qualité d'abbé régulier. Le 19 juillet, Rancé reçut la bénédiction abbatiale de l'évêque irlandais d'Arda et dès le lendemain, il se rendit à son monastère.

Il n'y resta pas longtemps, car en septembre 1664 l'assemblée générale des Cisterciens réformés se réunit à Paris, au collège Saint-Bernard, et choisit l'abbé de Rancé pour l'envoyer à Rome, en compagnie de l'abbé de Val-Richer, défendre l'étroite observance auprès du pape Alexandre VII. Les réformés n'eurent pas grand succès, car le pape publia la bulle *In suprema* destinée à rétablir la paix dans l'Ordre, mais en réalité favorable aux mitigés défendus par l'abbé de Cîteaux, Claude Vaussin.

Chateaubriand, dans sa *Vie de Rancé,* exprime dans des formules lapidaires l'état d'esprit romain à l'égard de la Réforme :

« *On instruisit Rancé que (…) manger de la viande ou n'en pas manger était jugé chose indifférente pour la Gloire de Dieu (…). Vivre comme un mendiant déplaisait à la pourpre romaine (…). Il se présenta au Vatican, où l'on bénit la ville et le monde, et où il ne fut point béni.* »

Voyant sa cause perdue, Rancé rentra en France. En mai 1667, un Chapitre général réunit 40 abbés et 150 prieurs, ainsi que 15 abbés de la stricte observance. L'abbé de Cîteaux, dom Claude Vaussin, fit accepter la bulle du pape, qui méconnaissait les droits des réformés. L'abbé de La Trappe tenta en vain de défendre la réforme, à la grande fureur de l'abbé de Cîteaux qui lui fit de cinglants reproches.

L'abbé de Cîteaux mourut trois ans plus tard à l'âge de quatre-vingts ans. Il avait été l'un des plus farouches défenseurs de la commune observance, menant une vie fastueuse et manquant totalement de scrupules. Il eut le mérite de reconstruire Cîteaux dévasté par le passage des troupes croates de Gallas en 1636. Le 21 mars 1670, dom Louis Loppin lui succédait, mais son abbatiat ne dura que deux mois. Le 20 juin, dom Jean Petit, moine de Cîteaux, était élu abbé. Dès sa confirmation par le roi et par le pape Clément X, il parla d'introduire la réforme à Cîteaux.

À La Trappe, l'abbé de Rancé continuait son travail de restauration et de réforme. Les bâtiments étaient en pleine rénovation, les moines se faisaient eux-mêmes architectes et maçons. Le couvent fut agrandi, de nouvelles cellules construites, ainsi que deux chapelles. L'église abbatiale fut restaurée et reçut les reliques que Rancé avait rapportées de Rome. En même temps, il s'attacha à rédiger des constitutions qui rétablissaient la discipline dans l'abbaye et la rattachaient aux règlements de la stricte observance. Dans le chapitre préliminaire, il écrit :

« *L'abbaye est sise dans un vallon fort solitaire. Quiconque voudrait demeurer n'y doit apporter que son âme : la chair n'a que faire là-dedans.* » Ces constitutions édictent une règle issue de la règle bénédictine et des us et coutumes de premiers pères de Cîteaux. L'abbé rappelle les principes essentiels de la vie cénobitique : dortoir et réfectoire communs, abstinence et jeûne, observance stricte des offices liturgiques. L'élection de l'abbé par les moines est confirmée, ainsi que la tenue stricte du chapitre quotidien. La clôture doit être totale et les contacts avec le monde sont proscrits, sauf en cas de nécessité pour le service de l'abbaye. Le travail devient une règle absolue pour les profès, alors que la commune observance de Cîteaux avait tendance à le négliger de plus en plus, et à l'abandonner aux convers. Cette règle de vie n'empêche pas les monastères de posséder de vastes domaines et de les exploiter au plus grand profit de l'Ordre. Les offices sont plus longs et les mortifications personnelles plus dures. Les jeûnes sont multipliés et plus stricts. La méditation et la contemplation prennent une place plus importante dans la vie du trappiste. Le but de ce règlement était de remettre en honneur deux des grands principes cisterciens ; la prière et le silence, qui avaient été de plus en plus négligés et remplacés par d'autres exercices au cours des siècles précédents. Malgré les rigueurs de la Règle, La

Trappe eut un énorme succès, ses effectifs passèrent d'une dizaine de moines en 1660 à quatre-vingt-dix, et autant de novices, en 1700, date de la mort de Rancé. Le prestige de son abbé était très grand, tout en étant retiré du monde, il échangeait une correspondance importante avec de nombreuses personnes qu'il conseillait et guidait sur le plan spirituel. Bossuet l'appelait « *cet autre saint Bernard en doctrine, en piété, en mortification, en humilité, en pénitence* ».

Le 7 septembre 1672, l'abbé de Rancé présenta une requête au roi en lui demandant d'approuver la réforme. Il avait de nombreux détracteurs auprès de Louis XIV qui l'accusait de jansénisme. Le roi nomma une commission composée de l'archevêque de Paris, du doyen de Notre-Dame, de MM. de Caumartin, de Fieulet, de Voisin et de La Marquerie. Mais les abbés favorables à la commune observance déclarèrent que si l'on suivait l'avis des commissaires, ils ne viendraient plus au Chapitre général annuel de Cîteaux. Le roi, prudent, arrêta tout changement, craignant de susciter des remous dans le clergé. Rancé n'en continua pas moins son combat, tout en dirigeant son abbaye d'une main ferme jusqu'en 1689, époque à laquelle il tomba malade.

Il recevait à La Trappe des amis et des visiteurs, il échangeait une correspondance suivie avec Mme de Guise, fille de Gaston d'Orléans et cousine germaine du roi. Le duc de Saint-Simon, son voisin de La Ferté-Vidame, lui rendait souvent visite. C'est lui qui fit faire par Rigaud le magnifique portrait de l'abbé qui est maintenant au musée de Carpentras. Parmi les autres visiteurs de La Trappe, il faut citer le duc de Penthièvre, petit-fils de Louis XIV, le poète Pellisson qui avait abjuré le protestantisme. Bossuet faisait souvent retraite à La Trappe où il composa l'*Avertissement* du cathéchisme de Meaux, et, peut-être, certains de ses plus célèbres sermons.

En 1686, vers l'âge de soixante ans, l'abbé de Rancé publia un traité qu'il intitula : *De la sainteté et des pouvoirs de la vie monastique*. C'est une sorte de testament spirituel par lequel il précise sa conception de la vie qu'il avait choisie. Il expliquait et commentait les trois vœux de chasteté, de pauvreté et d'obéissance. Il recommandait la charité comme la première des vertus :

« *Vous avez renoncé en le quittant* (le monde) *à ses plaisirs, à ses fortunes, à ses vanités, et vous avez mis tout d'un coup dessous vos pieds ce que ceux qui l'aiment et qui le servent ont placé dans le fond de leur cœur.* »

C'est à propos de cet ouvrage que Rancé entra en conflit épistolaire avec le père Mabillon, le fameux Bénédictin de la Congrégation de Saint-Maur, grand érudit et chercheur, qui soutenait la cause des intellectuels face à la réforme de Rancé, et qui publia à son tour le *Traité des études monastiques*. Rancé répliqua à Mabillon et réfuta une à une ses propositions : non, l'étude des sciences n'est pas nécessaire à l'état monastique. La querelle dura longtemps, Mabillon répondit à son tour à Rancé dans ses *Réflexions* :

« *Je suis bien éloigné de désapprouver la conduite que vous gardez envers vos religieux touchant les études. Mais si vous les croyez assez forts pour s'en passer, n'ôtez pas aux autres un soutien dont ils ont besoin.* »

Mabillon vint à La Trappe en 1693. Il y fut reçu avec déférence par Rancé et ils purent confronter leurs points de vue. L'abbé de Rancé lui-même convint à l'égard de Mabillon qu'« *il est plus malaisé de trouver ensemble plus d'humilité et plus d'érudition que dans ce bon père* ».

Atteint de maladies, en particulier de rhumatisme des mains qui le gênait pour écrire, Rancé vieillissait. Il continuait des austérités qui compromettaient gravement sa santé au point que les moines de La Trappe écrivirent au pape pour qu'il oblige leur abbé à se mieux soigner ; le pape répondit en ordonnant à Rancé de suspendre ses mortifications. Au milieu de toutes ces tribulations, l'abbé de La Trappe gardait une âme sereine, on continuait à l'attaquer au sujet de la réforme, on l'accusait même d'hérésie. Un moment, La Trappe, que l'on faisait passer pour un repaire de fanatiques complotant contre la religion et l'État, fut sur le point d'être détruite, comme l'avait été Port-Royal. Rancé restait stoïque. En octobre 1695, il envoya sa démission au roi, voulant passer ce qui lui restait à vivre dans la prière à préparer sa mort. Louis XIV l'accepta et nomma dom Zozime, prieur de l'abbaye, pour remplacer Rancé. L'ancien abbé fit acte d'obéissance et d'humilité devant son successeur. Mais dom Zozime mourut au bout de quelques mois et fut remplacé par dom Gervaise. Ce dernier n'était pas dans les mêmes dispositions d'esprit que son prédécesseur à l'égard de Rancé qu'il accusait de perdre la raison. Il complota contre Rancé, fut démissionné et remplacé par dom Jacques de Lacour.

Pendant un moment, Rancé fut mêlé à l'affaire du quiétisme qu'il désapprouvait, malgré le soutien que Bossuet apportait à cette nouvelle doctrine. Les derniers moments de l'abbé de La Trappe approchaient. L'évêque de Sées, son ami, vint le voir et le confessa. Rancé lui demanda une dernière fois d'intervenir auprès du roi pour que la stricte observance fut maintenue à La Trappe après sa mort. Puis il prononça ces paroles :

« *Ne tardez pas, mon Dieu, hâtez-vous de venir.* »

Peu de temps après, il expira. C'était le 17 octobre 1700, il avait soixante-seize ans. Il avait vécu trente-sept années de la vie de moine dans une maison qu'il avait totalement restaurée aussi bien sur le plan spirituel que sur le plan matériel. À sa mort, l'abbaye de Notre-Dame de La Trappe comptait cent religieux.

VI.

LE DÉCLIN DE L'ORDRE

Rancé avait été – et reste encore – la figure emblématique de la réforme cistercienne. C'est à partir de là que l'on appela les Cisterciens les Trappistes. Il avait démontré que la stricte observance était possible pour des hommes en quête d'amour de Dieu et de solitude. Ses austérités ne nuisaient pas, au contraire, à l'essor de l'Ordre, puisque les vocations des religieux qui choisissaient la réforme étaient nombreuses au début du XVIIIe siècle.

La guerre des observances s'était inscrite dans la lutte entre gallicans et ultramontains, qui avait pris un tour particulièrement aigu au cours du XVIIe siècle. Les mitigés, anciens, ne voulaient pas que les monastères français se séparassent du reste de l'Ordre et ils étaient partisans de Rome. Les réformés, eux, étaient gallicans. Le bref *In Suprema* du pape Alexandre VII, publié en 1666, avait voulu rétablir la paix et l'unité dans l'Ordre de Cîteaux, bien qu'il fût plutôt favorable à la commune observance.

La vie des deux observances fut dès lors réglée, après cette constitution, jusqu'à la Révolution. Le point essentiel qui régissait la stricte observance était l'abstinence perpétuelle, alors que dans les monastères de la commune observance on pouvait servir de la viande trois fois par semaine. Mais la bulle du pape stipulait que les novices devaient être formés d'après la règle stricte. La stricte observance obtenait ainsi une certaine autonomie dans l'Ordre. Elle avait le droit de tenir chaque année ses propres réunions d'abbés et de pouvoir agréer dans la réforme les maisons dont la majorité des membres en auraient fait la demande. Pendant plus de cent ans, le statu quo fut maintenu sans trop de heurts, surtout lorsque les moines des premières générations de « combattants » eurent disparu. À la veille de la Révolution, un plan d'unification avait même été élaboré, qui aurait permis à l'Ordre de retrouver son unité. Mais les événements en décidèrent autrement.

Malgré les efforts faits de toutes parts, papauté, pouvoirs publics, Ordre lui-même pour redonner son lustre et sa prospérité d'antan à l'Ordre cistercien, le déclin semble amorcé dès les premières années du XVIIIe siècle. D'autres courants de pensée religieuse prennent le pas sur la spiritualité bénédictine. La réforme élaborée par le Concile de Trente porte ses fruits. L'élan religieux est maintenant l'œuvre des Jésuites, des Oratoriens, des disciples de saint Vincent de Paul. Il existe encore des signes de vitalité chez les Cisterciens. En Allemagne, en Bohême, en Hongrie, en Pologne, où l'Ordre avait été malmené par la révolution hussite et par la Réforme protestante, la réorganisation des congrégations amena la réouverture ou la fondation de nouveaux monastères. Mais, dans l'ensemble, les grandes abbayes périclitaient. Si des forces religieuses nouvelles prenaient la place, d'autres forces hostiles gagnent du terrain. Le siècle des Lumières veut remplacer la foi par la raison, la religion par la philosophie et la science. D'autre part, le clergé et les moines sont considérés par les gouvernements comme des auxiliaires du pouvoir civil qui dispose de puissants moyens, la commende en particulier, pour exercer sur eux une influence.

En 1766, Louis XV créa la « commission des Réguliers ». Composée surtout de laïcs, elle fut chargée de contrôler la création et l'administration des monastères, réglementant le nombre de moines que chaque maison devait avoir et prononçant la fermeture de quatre cents établissements religieux, en particulier bénédictins.

Le recrutement diminuait. La Trappe restait en tête des maisons de l'Ordre avec cent trois profès à la fin du

XVIIIe siècle. Mais Cîteaux, la maison chef d'Ordre, qui comptait une centaine de moines au cours du XVIIe siècle, se retrouvait avec une quarantaine en 1762. Clairvaux, soumis à l'étroite observance, tombait de cent trente moines en 1667 à trente-six en 1789, à la veille de la Révolution. La moyenne des religieux vers le milieu du XVIIIe siècle est d'une dizaine par abbaye. Dans ces conditions, les problèmes de réforme, de stricte observance ou de règle mitigée sont tout à fait secondaires. Le problème essentiel est celui de survivre, souvent dans des conditions éloignées du véritable esprit cistercien. Les abbayes, que la Règle oblige à rester en dehors du monde, sont des lieux de réunion où les moines reçoivent leurs amis pour parler de tout autre chose que de spiritualité. Les abbés commendataires se font construire de somptueuses résidences à l'intérieur des monastères. Ils y donnent des fêtes lorsqu'ils visitent leur abbaye. Certaines de ces constructions sont des chefs-d'œuvre de l'art architectural du XVIIIe siècle. De nombreuses abbayes sont reconstruites dans le style baroque, particulièrement en Allemagne et dans les pays de l'Europe de l'Est, soumis à l'empire des Habsbourg. Les clochers à bulbe, caractéristiques de ces pays, s'élèvent au-dessus des nefs cisterciennes en dépit des interdits de la Règle. L'intérieur des églises est d'une grande richesse, qui confine au véritable décor de théâtre. C'est le cas des abbayes de Schöntal, d'Aldenbach, de Fürstenfeld en Allemagne ; de Wilhering, d'Heiligenkreuz en Autriche ; de Hauterive en Suisse ; de Valloires en France qui reste cependant le pays le moins touché par ce style architectural. Toutes ces constructions somptueuses absorbent une partie des ressources financières des abbayes et cette crise économique, s'ajoutant à celle des vocations, accuse le déclin.

Autre signe de laxisme qui s'est introduit dans l'Ordre : on forme les novices en Allemagne, non plus à l'observance de la Règle, mais à la musique. Certaines abbayes ont de véritables orchestres qui donnent des concerts à un public venu de l'extérieur. Les monastères deviennent des centres d'étude importants, une grande partie du travail des moines est consacrée à la recherche intellectuelle et à la lecture. Les érudits cisterciens de cette époque sont nombreux : Ferdinand Ugnelli, abbé de Trois-Fontaines, à Rome : Pierre Le Nain, sous-prieur de La Trappe, ami de Rancé ; Julien Paris, abbé de Foucarmont. Malgré l'apparence de prospérité extérieure, la sclérose spirituelle dont sont atteintes les grandes abbayes accélère la décadence. L'austérité et la rigueur des premiers temps de l'Ordre avaient été payantes, l'amollissement et le confort se révèlent désastreux.

Beaucoup de responsables de l'Ordre sont conscients de la situation et tentent d'y apporter un remède. Le gouvernement royal nomme des commissaires qui participent aux sessions du Chapitre général et contrôlent les décisions de ce dernier, ce qui est contraire aux règlements et n'est pas du goût de tout le monde. C'est une source de conflits entre les moines de France et les établissements d'autres pays, comme l'Allemagne. En 1776, une nouvelle tentative de remise en ordre, la dernière avant la Révolution, fut faite par le gouvernement du roi de France, à la demande de l'assemblée du clergé. Il créa une commission des Réguliers pour étudier les mesures à prendre, qui ne pourraient être appliquées qu'après l'accord du pape. Mais elle finit sans qu'aucune décision valable eut été prise. C'est la Révolution française qui se chargea de régler le problème à sa manière. L'abolition des privilèges fut une des premières mesures du gouvernement révolutionnaire. La dîme fut supprimée et les biens d'Église sécularisés. Une loi abolit les vœux religieux et permit aux moines qui le désireraient de quitter leur monastère. Les maisons religieuses, leurs terres et leurs domaines furent vendus comme biens nationaux, les œuvres d'art et les objets de culte de valeur devinrent la propriété de l'État. Enfin, une nouvelle réglementation du clergé de France fut votée, ce fut la Constitution civile du clergé : aucun prêtre ne pouvait exercer son ministère sans prêter serment à la Constitution.

En France, les Cisterciens furent atteints par ces mesures générales. Il existait en 1789 deux cent vingt-huit maisons de l'Ordre de Cîteaux. En l'espace de vingt ans, les effectifs étaient passés de deux mille quatre cent cinquante moines

(1768) à mille neuf cent quatorze (1789), les deux observances confondues. L'Ordre avait donc subi de sérieuses pertes. Elles s'ajoutaient à celles de l'Autriche. L'empereur d'Allemagne Joseph II, « despote éclairé », avait décrété en 1782 la fermeture des monastères de contemplatifs pour la raison qu'ils étaient inutiles, car ils ne servaient pas l'intérêt public. Ces maisons furent dissoutes et leurs biens confisqués par l'État, ce qui amena la disparition de sept cent trente-huit monastères d'hommes et de femmes. En revanche, la situation était meilleure en Haute-Allemagne et dans les régions de l'est de l'Europe.

En 1790, la Convention décréta de procéder à la vérification des comptes et des biens de toutes les maisons religieuses. Début mai, une commission appuyée par un contingent militaire vint à Cîteaux pour faire l'inventaire et recueillir les options des moines. Sur quarante-cinq religieux, quatorze optent pour la vie commune, trente et un pour la vie dans le monde. Après ces inventaires, marqués par des incidents de toutes sortes, les biens de l'abbaye furent vendus à partir de 1791, propriété, instruments de travail, bétail, puis bâtiments, objets d'argenterie, trésor de l'abbatiale, bibliothèque et tableaux. À ce moment-là, il restait à Cîteaux douze moines et six convers. Ils quitteront l'abbaye le 10 mai avec une pension de six cents livres chacun. Le dernier abbé de Cîteaux d'Ancien Régime était dom Trouvé, élu le 25 novembre 1748, à l'âge de trente-cinq ans. Après avoir quitté Cîteaux en 1790, il se retira chez un de ses neveux, à Vosne-Romanée. Il y mourut le 26 avril 1797. Cîteaux devint la propriété de la société Duleu, de Dijon, pour la somme de 862 000 livres. Cette société, créée pour l'exploitation des biens de l'abbaye, commença la démolition, mais elle fut rapidement mise en faillite et les biens furent rachetés par Jean-François-Xavier Damance, puis ils passèrent à M. de Boulongne et à sa fille Mme de Chauvelin. Par décision du conseil municipal de Saint-Nicolas-lès-Cîteaux, le village prit le nom d'Unité-des-Moulins, et l'abbaye même celui de Maison-des-Moulins. Ce n'est qu'en 1810 que les anciennes dénominations seront rétablies.

En 1841, Cîteaux est vendue à Arthur Young, qui y installe un phalanstère. Une nouvelle affectation est donnée à l'abbaye en 1846 par le père Joseph Rey : elle devient une colonie pénitentiaire. À sa mort, en 1873, la colonie compte huit cent trente pensionnaires. En 1898, le domaine est racheté par Mme de La Rochetaillée, qui le rétrocède aux Cisterciens. Les moines se réinstallent à l'abbaye après 108 ans d'absence et Cîteaux redevient chef d'Ordre. Dom Sébastien Wyart est élu abbé. Cependant, en tant qu'abbé général de l'Ordre il réside à Rome. Il nomme un abbé auxiliaire pour diriger l'abbaye. Le monastère compte à ce moment-là soixante-quatre religieux venus d'autres monastères. Au cours des deux guerres mondiales, la maison est transformée en hôpital militaire. Les Allemands l'occuperont en 1940 sans incident.

En 1963, à la demande du Chapitre général, l'abbé résidant à Cîteaux sera non plus abbé auxiliaire du général chef d'Ordre, mais abbé titulaire de Cîteaux, élu par la communauté. Il portera le titre d'abbé de Cîteaux. Le général aura le titre honorifique d'archi-abbé de Cîteaux. En 1970, le domaine de l'abbaye comptait 240 hectares. L'église, reconstruite en 1860, est à la même époque restaurée et réaménagée intérieurement. Elle est consacrée par l'évêque de Dijon, assisté de l'abbé général du Saint Ordre de Cîteaux (S.O.C.), et de l'abbé général de l'Ordre de Cîteaux de la stricte observance (O.C.S.O.).

En effet, l'Ordre de Cîteaux est divisé en deux branches. L'Ordre de la stricte observance (les réformés) et le Saint Ordre de Cîteaux (les mitigés). La tourmente révolutionnaire avait dispersé les moines de France. Pour échapper aux persécutions et aux contraintes imposées par le nouveau régime, la plupart des moines préférèrent l'exil. En particulier un groupe de religieux de La Trappe, sous la houlette du maître des novices dom Augustin de Lestrange, choisit en 1790 de s'établir en Suisse, dans une ancienne chartreuse, La Valsainte. Dom Augustin fut élu abbé de cette nouvelle communauté et entreprit de rétablir la règle rigoureuse de La Trappe. Rapidement, de nombreux religieux et religieuses de France le rejoignirent, ce qui permit la fondation de nouvelles maisons en Belgique, en Allemagne et en Angleterre. À la suite des menaces qui pesaient sur l'avenir de sa communauté de La Valsainte, avec l'avancée des troupes françaises, dom Augustin quitta la Suisse avec ses moines et entreprit un périple dans toute l'Europe, qui le mena jusqu'en Russie. En 1800, avec l'appui du tsar Paul II, les Cisterciens possédaient six maisons en Russie. Mais le tsar changea vite d'avis et expulsa les religieux. Ceux-ci prirent le chemin du retour, en sens inverse, et obtinrent des autorités suisses la permission de réintégrer La Valsainte.

Dom Augustin de Lestrange fonda plusieurs monastères pendant ce séjour en Suisse, à Géronde dans le Valais, puis en Italie, à Cervara et au Mont-Socrate. En France, après la signature du Concordat en 1801, les passions religieuses s'étaient apaisées et de nouvelles maisons pouvaient être ouvertes, maisons de femmes à Valenton et à Grosbois, maison d'hommes au Mont-Valérien. Mais en 1811, à la suite de l'occupation de Rome par Napoléon et de l'arrestation de Pie VII, les rapports entre l'empereur et le pape se détériorèrent. Par décret impérial, tous les monastères cisterciens furent supprimés dans le territoire de l'Empire. L'Empereur intervint auprès des autorités suisses pour que La Valsainte fût fermée. Dom Augustin de Lestrange décida alors d'émigrer en Amérique où étaient installées des communautés cisterciennes relevant de son obédience.

La chute de Napoléon ne ramena pas la paix dans l'Ordre cistercien. Malgré un conservatisme apparent des gouvernements, les nouvelles idées libérales anti-cléricales faisaient leur chemin et amenaient une persécution plus ou moins larvée des corps religieux. Le nationalisme, qui était l'idole du xixᵉ siècle, représentait un obstacle à la résurgence d'ordres religieux. La désorganisation de Cîteaux et la mort du dernier abbé général étaient également une entrave à sa reconstruction.

En 1814, l'abbé de l'abbaye allemande de Danfled, dom Eugène de Laprade, demanda au roi Louis XVIII la permission de se réinstaller en France. Cette autorisation accordée, il chargea un ancien moine de Morimond d'ouvrir une maison près de Laval, qui prit le nom de Notre-Dame de Port-du-Salut. Dom Augustin de Lestrange, de retour d'Amérique en 1815, s'installa avec des moines de La Valsainte à Aiguebelle, en Savoie, puis à La Trappe après avoir récupéré cet établissement. De nouvelles fondations se créèrent à Bellefontaine, dans le diocèse d'Angers, et à Melleray près de Nantes. Des moniales s'installèrent entre 1816 et 1818 près de La Trappe, à Bellefontaine, puis à Mondaye en Normandie, et à Lyon. Ces monastères suivaient la règle de La Valsainte. D'autres monastères, Port-du-Salut, Le Gard, Le Mont des Cats, Briquebec observaient la règle de Rancé. Dom de Lestrange essaya d'unifier toutes ces maisons sous une même règle, mais son projet n'eut pas de suite.

En 1834, le pape Grégoire XVI rassembla les Trappistes de France en une seule congrégation, celle de Notre-Dame de La Trappe, qui fut soumise à l'autorité de l'abbé général de l'Ordre de Cîteaux, résidant à Rome. L'abbé de La Trappe était le vicaire général pour la France de l'abbé général. Ces tentatives de réunification ou de remise en ordre n'allèrent pas sans difficultés venant à la fois des différentes abbayes, du Chapitre général et de Rome. En 1860, la congrégation de La Trappe rassemblait vingt-trois monastères d'hommes avec mille sept cents moines, et neuf monastères de femmes avec huit cents moniales. Ce qui permettait un essaimage non seulement en Europe (Angleterre, Irlande), mais aussi aux États-Unis. Les communautés de ce dernier pays prospérèrent très vite à Gethsémani dans le Kentucky, à Rhodes-Island, à New-Melleray dans l'Iowa. Au Canada, l'abbaye de Bellefontaine fonda près de Montréal Notre-Dame des Prairies. En Algérie se créa La Trappe de Staoueli, qui prendra une grande place dans l'essor économique de la nouvelle colonisation. Notre-Dame de la Consolation fut fondée à Yan-Kia-Ping, en Chine, en 1883, d'où elle essaimera au Japon.

En 1892, le pape Léon XIII, devant les souhaits toujours exprimés, mais jamais réalisés de faire l'unité des différentes congrégations, entreprit une série de démarches et il convoqua à Rome tous les abbés et supérieurs des familles trappistines, et ceux des congrégations de Westmalle, en Belgique et de Casamari en Italie, qui observaient les mêmes usages et le même genre de vie. À une forte majorité, les groupes français et belge décidèrent de se réunir en un seul ordre, l'Ordre des Cisterciens réformés de Notre-Dame de La Trappe, sous la direction d'un seul abbé général élu à vie. La congrégation de Casamari désira garder son autonomie. Le 17 mars 1893, Léon XIII publia un bref proclamant l'union des trois congrégations de France et de Belgique, dirigée par un abbé général assisté d'un définitoire de six membres. Le rachat de Cîteaux en 1898 par Mme de Rochetaillé permit la réinstallation de soixante-quatre moines dans l'ancienne abbaye, premier siège de la réforme d'Étienne Harding. Le 30 juillet 1902, la nouvelle congrégation prit le titre définitif d'Ordre des Cisterciens de la stricte observance (O.C.S.O.) connu sous le nom plus populaire de Trappistes. Les premières constitutions établies d'après la Charte de charité du XIIe siècle furent approuvées par le Saint-Siège. L'organisation se faisait non pas en provinces ou en congrégations, mais d'après les rapports de maison mère à maison fille. Rome était la résidence de l'abbé général et les Chapitres généraux se réunissaient une fois par an à Cîteaux.

Parallèlement à cet Ordre de la stricte observance, se mit en place une congrégation de Cisterciens restés fidèles à la commune observance des siècles passés. Déjà en Italie, la congrégation de Casamari formait une communauté à part, qui appliquait la règle de Rancé, et le pape avait créé une nouvelle congrégation, la congrégation italienne de saint Bernard qui groupait deux monastères de Rome. En Europe des regroupements s'opérèrent, en Allemagne, dans l'Empire austro-hongrois et en Belgique. En France, un prêtre séculier, Lucas-Léon Barnouin, restaura en 1855 l'ancienne abbaye de Sénanque. L'abbé Barnouin fit son noviciat à Rome et affilia Sénanque à la congrégation de saint Bernard. Le succès rapide de la fondation de Sénanque permit au père Barnouin de créer une congrégation française indépendante. Sénanque essaima et fonda le monastère de Lérins, antique centre du monachisme en France, Hautecombe sur les bords du lac du Bourget et Pont-Colbert. La congrégation prit ensuite le nom de Congrégation de Lérins, puis celui de l'Immaculée-Conception. La règle se situait entre celle de la stricte observance et celle de la commune observance ; elle prit le nom de moyenne observance (*Observentia media*).

VII.

L'ÉTAT ACTUEL DE L'ORDRE

À la fin du XIXᵉ siècle, les Cisterciens, toutes observances confondues, comptaient quatre mille religieux et trois mille sept cent cinquante religieuses. Les réformés en tenaient à l'observance absolue de l'antique règle de saint Benoît. Avec les modifications apportées au cours des âges, ils se plaçaient sous l'autorité d'un abbé général et du Chapitre général. Les religieux de la commune observance revendiquaient l'autonomie de chaque monastère.

La loi de 1901 sur les ordres religieux et la Première Guerre mondiale amenèrent des perturbations dans la bonne marche des maisons cisterciennes. Plusieurs furent obligées de fermer leurs portes, surtout celles qui n'avaient aucune activité extérieure. Les problèmes étaient les mêmes pour les Cisterciens aussi bien en France que dans le reste de l'Europe. Ce qui amena les autorités supérieures à envisager une restructuration des congrégations. Plusieurs Chapitres généraux légiférèrent dans ce sens. L'abbé général de l'Ordre transféra son siège de l'abbaye des Trois-Fontaines à Rome à la maison du Janicule, puis sur l'Aventin où il est actuellement. La congrégation de Casamari, indépendante jusque-là, se rallia à la commune observance. Ces redéploiements amenèrent la création de nouvelles maisons, souvent à partir d'antiques monastères disparus, comme Poblet en Espagne, et Chiaravalla en Italie, La Grâce-Dieu et Saint-Michel-de-Cuxa en France. L'essor le plus important est celui qui toucha les monastères d'Amérique du Nord où les vocations étaient nombreuses. Des moines autrichiens fondèrent une abbaye à Spring Bank, dans le Wisconsin, en 1928. La nouvelle communauté prospéra rapidement. Au Canada, furent fondées les abbayes de Pont-Colbert en 1930 et de Rougemont en 1932. L'exemple le plus caractéristique du succès des Cisterciens en Amérique du Nord est celui de l'abbaye de Gethsémani. Le livre de Thomas Merton, père Louis, *Aux sources du silence*, fait revivre l'odyssée de ces moines partis de l'abbaye de Notre-Dame de Melleray, près de Nantes, qui s'installèrent dans le Kentucky sur un domaine de quatorze cents acres de bois et de champs. Il deviendra le monastère de Notre-Dame de Gethsémani, l'un des plus importants et des plus célèbres d'Amérique du Nord.

Actuellement, les Cisterciens de la stricte observance (O.C.S.O.) possèdent quatre-vingt-onze établissements dans le monde, dont onze en France. Les femmes ont soixante monastères dont quatorze en France. La stricte observance n'est plus en majorité européenne, ce qu'elle était encore au début du siècle. Les nouvelles fondations se sont faites surtout dans les pays anciennement colonisés d'Afrique et d'Asie, puis aux États-Unis et en Amérique du Sud.

La stricte observance comporte actuellement trois mille religieux et mille huit cent soixante-quinze moniales. L'Ordre est dirigé par un abbé général qui porte le titre honorifique d'archi-abbé de Cîteaux et qui réside à Rome, à la maison généralice de l'Aventin. Les diverses abbayes sont regroupées en plusieurs familles soumises à la tutelle d'un père immédiat, comme dans l'ancienne tradition de Cîteaux. Ainsi l'abbé de Cîteaux, qui relève de l'abbé général, a sous son contrôle les quatre premières abbayes, La Trappe, Melleray, Port-de-Salut et Sept-Fons. L'abbé de La Trappe visite Bellefontaine, Timadeuc, et Trois-Fontaines, à Rome. Et ainsi de suite. Les abbayes de moniales sont sous le contrôle d'un abbé voisin.

Les Cisterciens de la stricte observance mettent en premier plan le retrait du monde et une vie de prière et de pénitence. Le travail manuel, et plus particulièrement celui de la terre, est une obligation pour les religieux de cette observance : élevage du bétail, pisciculture, exploitation de la terre et des forêts sont les principales occupations de ces moines établis dans des régions rurales. Ils sont aidés par les convers, ce qui permet aux moines de chœur d'accomplir strictement leurs devoirs religieux. Les abbayes sont souvent des entreprises fabriquant du fromage, de la bière, du chocolat, des liqueurs chez les hommes ; des ornements d'église, des livres d'art chez les femmes. Le travail intellectuel et l'étude tiennent une place non négligeable à côté du travail manuel, bien qu'ils soient moins importants que chez les Bénédictins.

Chez les Cisterciens de la commune observance, le travail des mains occupe une place moins marquée. Ils se consacrent surtout à des activités qui les mettent en rapport avec le monde extérieur. Ils ont des écoles, des orphelinats, des centres de retraite. Ils participent à la vie paroissiale en aidant les curés dans leur tâche pastorale.

L'Ordre de la stricte observance est en plein essor. Les vocations ont été nombreuses depuis la fin de la Seconde Guerre mondiale. Le concile Vatican II a apporté certaines modifications dans les coutumes et usages cisterciens pour les adapter au mode de vie, aux tempéraments et aux conditions actuels.

La commune observance, le Saint-Ordre de Cîteaux, a ses monastères principalement en Europe. Il y a douze congrégations de cette observance, représentant mille trois cents moines répartis en soixante-quatre abbayes ou prieurés. Les moniales sont au nombre de mille cinq cents. La commune observance a également des maisons aux États-Unis, au Brésil, en Éthiopie et au Viet-Nam.

En 1990, le neuvième centenaire de la naissance de saint Bernard fut l'occasion pour les deux branches des Cisterciens de se retrouver à Rome. Après une messe solennelle communautaire, les fils et les filles de Cîteaux réaffirmèrent leur appartenance commune à l'ordre issu de saint Benoît, quelle que soit leur interprétation de la Règle, cette Règle qui voulut apporter au peuple de Dieu un idéal de vie fondé sur l'ascèse, la prière et le travail.

VIII.

LES CISTERCIENNES

L'histoire des moniales de l'Ordre de Cîteaux débute pratiquement avec cet Ordre. Il est un fait certain que Robert de Molesme installa près de son abbaye un monastère de femmes soumises à la même règle que celle des hommes.

En 1113, une nouvelle fondation fut créée à Jully, qui avait un mode de vie semblable à celui de Cîteaux. La sœur de saint Bernard, Hombeline, en fut une des premières supérieures. Mais simplement soumise à l'abbé de Molesme, cette fondation ne peut être regardée comme proprement cistercienne.

Le premier monastère qui relève officiellement de l'Ordre de Cîteaux est celui de Tart, en 1125, établi à une dizaine de kilomètres de l'abbaye mère. Cependant, ces maisons n'étaient pas facilement intégrées dans l'Ordre, le Chapitre général était réticent à leur égard.

L'essor donné aux couvents de moniales le fut avec l'intégration de la congrégation de Savigny à l'Ordre. Celle-ci possédait un nombre important de religieuses qui passèrent toutes à l'Ordre cistercien en même temps que les moines. Ce succès fut considérable en Espagne où de nombreuses maisons de femmes furent fondées en Castille et en Navarre. Le roi de Castille, Alphonse VII, et sa femme, Aliénor Plantagenêt, fondèrent le monastère de Las Huelgas, près de Burgos. À partir de cette époque, les maisons de femmes commencèrent à avoir leur structure juridique propre.

Les abbesses se réunissaient chaque année, comme le Chapitre général, sous la présidence d'un représentant de

Cîteaux. Mais tout cela était encore informel. La ligne de conduite du Chapitre se modifia à partir de 1213. Il fallait prendre une décision à l'égard de ces moniales qui se disaient cisterciennes et dont les monastères étaient plus nombreux que ceux des hommes. Un élément favorable à cette intégration fut le succès qu'à la même époque rencontraient les Dominicains. L'ordre des Frères Prêcheurs avait des maisons de religieuses cloîtrées, qui formait le Second Ordre. D'autre part, les disciples de saint Dominique entretenaient des relations privilégiées avec les Cisterciens. Le Chapitre général de Cîteaux fut donc amené par la force des choses à réglementer la vie des religieuses. En 1218, il fixa le nombre maximum de moniales que chaque maison pourrait recevoir. Les monastères recevraient la visite annuelle d'un abbé ou d'un membre du Chapitre général. En 1228, considérant le nombre croissant de créations de monastères de femmes, le Chapitre décida qu'il n'accorderait plus son soutien aux nouvelles maisons. Celles-ci pourraient adopter, si elles le désiraient, la règle de Cîteaux, mais elles ne seraient pas canoniquement considérées comme membres de l'Ordre. Elles relèveraient de l'ordinaire, c'est-à-dire de l'évêque du lieu. Au milieu du XIIIᵉ siècle, le nombre de monastères féminins s'élevait à neuf cents.

Ainsi incorporés, ces monastères devenaient membres de l'Ordre avec les mêmes droits et les mêmes privilèges que ceux des hommes. Relevant du Chapitre général, ils étaient placés sous la surveillance d'un abbé désigné par le Chapitre, qui était leur père immédiat. Cet abbé visitait chaque année le monastère, était responsable de sa discipline et de son administration. Il présidait à l'élection de l'abbesse à qui il donnait sa bénédiction solennelle. La vie intérieure des monastères de femmes était calquée sur celle des abbayes d'hommes. La clôture était stricte, le monastère dont elles relevaient leur fournissait un chapelain, un confesseur et les convers dont elles avaient besoin pour leurs travaux domestiques. Par la suite une catégorie de sœurs converses fut créée, analogue à celle des frères convers chez les hommes.

Au XIIe siècle, des prêtres furent spécialement formés dans les abbayes cisterciennes pour assurer le service des moniales. Ils prononçaient leurs vœux en présence de l'abbesse et ils lui promettaient obéissance. Ils portaient l'habit cistercien, vivaient au service des religieuses, mais ils n'étaient pas considérés comme des Cisterciens. Le Concile de Trente modifia toutes ces dispositions un peu bâtardes. Le Chapitre de 1601 décida que la direction spirituelle des maisons de femmes serait assurée par des moines cisterciens déjà anciens dans l'Ordre.

Ces monastères de femmes tinrent une grande place dans la vie sociale du Moyen Âge. Ils recevaient en effet des veuves ou des femmes non mariées, en général des classes élevées, qui trouvaient là un moyen d'assurer leur salut en menant une vie conforme à leurs goûts. Ces monastères, qui accueillaient des filles de la haute noblesse, avaient souvent à leur tête une abbesse de sang royal ou princier. À l'inverse des maisons d'hommes qui refusaient de faire l'éducation des garçons, les abbayes de femmes avaient des écoles où elles instruisaient les jeunes filles, avec l'enseignement du latin et des matières du *trivium* et du *quadrivium*. Ces monastères de Cisterciennes étaient des écoles de mystiques. On peut citer les noms de sainte Gertrude la Grande, sainte Mathilde de Hackehorn. C'est dans ces maisons que naquit la dévotion au Sacré-Cœur dont une des premières propagandistes fut sainte Lutgarde d'Aywières.

Mais c'est dans ces monastères que le relâchement des mœurs et l'inobservance de la Règle se fit le plus ressentir à partir du XIVe siècle. Les discussions des Chapitres généraux sont remplies d'accusations contre leur vie luxueuse, un confort excessif, une violation fréquente de la clôture. Ces couvents devenaient non plus des lieux de prière et de contemplation, mais des maisons de retraite où les femmes de la haute société venaient s'installer avec leurs servantes. Au point qu'à l'époque de la réforme, cet état de choses empirant, la plupart des monastères de femmes furent sécularisés et les moniales libres de partir ailleurs. Les quelques maisons qui subsistèrent assuraient l'éducation de jeunes filles ou entretenaient des hôpitaux. Au XIIIe siècle, les communautés féminines se détachèrent de l'Ordre cistercien et s'organisèrent en congrégations approuvées par le pape. Il y eut une congrégation espagnole des Conceptionnistes, et une congrégation des Bernardines déchaussées ou Récollètes. En France se constituèrent les Feuillantines en 1588, plus tard les Bernardines de la Divine Providence et les Bernardines du Précieux-Sang, avec la règle de la stricte observance. Port-Royal des Champs, d'obédience cistercienne, réformé par la mère Angélique Arnaud, passa sous la juridiction de l'abbé de Saint-Cyran et fut une forteresse du jansénisme. Enfin les monastères de femmes regroupés par dom Augustin de Lestrange survécurent à la Révolution en s'installant en Suisse. De même des regroupements se firent au cours du XIXe siècle. En 1955, le Vatican confirma la confédération de vingt-six couvents espagnols avec six cent trente-quatre religieuses sous le nom de Fédération des Moniales cisterciennes de l'observance régulière de saint Bernard, dont la présidente est l'abbesse de Las Huelgas. À côté de ce groupe existe aussi la Fédération espagnole des Moniales du Saint Ordre de Cîteaux, soumises à la commune observance et comptant vingt couvents de quatre cent cinquante-trois sœurs. Dans le reste du monde, les Cisterciennes de la commune observance ont quatre-vingt-six maisons avec des religieuses qui se consacrent à l'éducation des filles. Les Cisterciennes de la stricte observance ont cinquante-huit maisons avec deux mille sœurs environ. Elles sont purement contemplatives.

IX.

LES RÉFORMES ACTUELLES

Le concile Vatican II a voulu réaliser, selon le vœu du pape Jean XXIII, un *aggiornamento*. Les réformes imposées par le Concile de Trente avaient établi un cadre unificateur qui n'avait pas bougé pendant plus de trois cents ans. L'évolution des idées et des esprits depuis le XIXᵉ siècle, deux guerres mondiales, des événements comme la révolution soviétique montraient bien qu'un « lifting » était nécessaire.

L'Ordre cistercien n'a pas attendu le Concile pour entreprendre une mise en conformité aux nouveaux besoins. Dès 1953, les horaires monastiques avaient été allégés, grâce à une simplification de la prière. L'office liturgique, avec le plain-chant, fut le premier en cause. Cela n'alla pas sans réticences de la part de beaucoup de religieux et de religieuses qui avaient été habitués à ce genre de prière et qui avaient peine à abandonner ce à quoi ils avaient été formés depuis leur entrée au monastère. Les nouvelles dispositions avaient pour but de permettre à tous de participer pleinement et en toute connaissance à la vie liturgique.

La question du latin se posa. En 1965, la commission réunie dans ce but se prononça pour la récitation de l'office dans la langue du pays. Le Concile maintenait l'usage du latin par les clercs, mais avec la possibilité de prier en langue vivante avec des laïcs, les convers par exemple, d'autant que bon nombre de moines n'avaient jamais fait d'études de latin avant d'entrer au monastère. En juin 1971, une lettre du Saint-Siège permit donc aux monastères qui le désireraient d'utiliser avec l'autorisation de l'ordinaire (l'évêque) la langue du pays dans les offices liturgiques.

Parmi les autres modifications apportées par le Concile, il faut noter la communion sous les deux espèces et la réception de l'hostie dans la main. Mais surtout la concélébration de l'Eucharistie par plusieurs prêtres, autorisée en mars 1965, permit à tous les moines, prêtres, convers, de participer à la messe chantée de la matinée, alors qu'auparavant certains profès et les frères convers en étaient exclus du fait de leurs horaires de travail.

L'aménagement des horaires des offices canoniaux permit de réarranger la composition de ceux-ci. Les heures chantées furent remises à leur place dans l'horaire de la journée monastique, alors qu'elles avaient tendance à déborder.

Les us et coutumes, valables à l'époque de la fondation de Cîteaux et au cours des siècles suivants, ne correspondaient plus aux modes de vie du XXᵉ siècle. Le vêtement demandait à être adapté aux conditions du climat suivant l'implantation des monastères et aux conditions de travail suivant la spécificité de chaque maison. Pouvait-on, par exemple, porter les vêtements de laine traditionnels dans les pays tropicaux d'Afrique, d'Asie ou d'Amérique du Sud ? Pouvait-on se contenter d'une nourriture frugale lorsqu'il fallait fournir un gros travail ?

Le principe de l'uniformité entre monastères, traditionnel dans l'Ordre, mais qui avait été poussé à l'excès, ne convenait plus. Il fallait se rappeler les premières recommandations du Cîteaux du XIIᵉ siècle : « *Chaque Église fera selon les conditions locales et les dispositions de son abbé et de son prieur, car on ne peut observer partout les mêmes façons de faire.* » En 1969, les autorités supérieures de l'Ordre renoncèrent à ce principe d'uniformité. Le Chapitre général publia une *Déclaration sur la vie cistercienne*, qui constitue comme un préambule aux nouvelles constitutions de l'Ordre. Ce document disait : « *Moines cisterciens, nous désirons sincèrement réinterpréter pour notre époque les traditions que nos pères nous ont léguées (...). Nous sommes persuadés que les lois les meilleures sont celles qui suivent et interprètent la vie.* »

Toutes ces dispositions avaient été prises à titre expérimental pour une période de vingt ans. Elles aboutirent à de nouvelles constitutions qui réglementaient l'exercice de la vie cistercienne. L'approbation canonique du pape fut obtenue pour la Pentecôte 1990. Les dispositions adoptées font plus de place à l'initiative et à la responsabilité personnelles.

L'abbé, supérieur du monastère, est libre d'apprécier ce qui convient le mieux pour sa communauté, dans le cadre de la règle de saint Benoît. À lui d'adapter cette règle aux besoins des lieux et de l'époque, pour permettre au moine de mieux vivre sa vocation. Certains us, en particulier ceux de la pénitence qui avaient valeur à une époque ancienne et qui n'étaient plus que symboliques, furent supprimés. La tradition doit être sauvegardée, mais nullement comme une pièce de musée intouchable et inaccessible. Si elle veut vivre, il faut qu'elle évolue. Comme l'écrit dom Marie-Gérard Dubois, abbé de La Trappe, dans son ouvrage *Le bonheur de Dieu* : « *On ne peut se contenter de vivre selon les décisions d'hier, il faut renouveler chaque jour sa décision.* » C'est aussi ce que le pape Paul VI exprimait en disant que ce sont les traditions qui sont figées et qui risquent de mourir, mais que la tradition est l'expression sans cesse renouvelée d'un organisme toujours vivant, l'Église, c'est-à-dire le Corps mystique du Christ.

X.

LA SPIRITUALITÉ DE CÎTEAUX

La spiritualité de Cîteaux est, avant tout, celle de saint Benoît et de sa règle. Saint Benoît le précise lui-même dans le prologue :

« *Écoute, mon fils, les préceptes du Maître, incline l'oreille de ton cœur, accueille de bon gré l'enseignement du Père qui t'aime et mets-le parfaitement en pratique, ainsi par le labeur et l'obéissance, tu reviendras à celui dont t'éloignait la lâcheté de la désobéissance.* »

Le vrai disciple de saint Benoît, c'est celui qui s'abandonne au Dieu d'Amour et met en pratique ses préceptes. Mais pour reconstituer l'idéal premier du monachisme, qui selon Cîteaux s'est plus ou moins affadi au cours des siècles, il faut revenir à la lettre de la Règle et abandonner toutes les inter-prétations abusives qui ont pu en être faites. C'est cette volonté de vivre selon la lettre qui est la pierre d'angle de Cîteaux. Pour parvenir à cet état, il faut que le moine soit comme le soldat qui lutte sans cesse et qui obéit. Il doit vivre avec ses frères une vie de charité parfaite et de partage de toutes les joies et de toutes les peines qu'engendre la vie monastique.

L'esprit de foi, l'obéissance, l'humilité, le silence, la contemplation et la pénitence, telles sont les armes dont dispose le moine pour être le véritable soldat du Christ. La Règle lui fournit toutes les indications sur les moyens qu'il doit employer pour parvenir à cette fin.

En premier lieu, l'obéissance. Le chapitre cinq de la Règle précise que « *le premier degré de l'humilité est l'obéissance immédiate (...). Les moines ne vivent pas à leur guise, ils n'obéissent pas à leurs désirs ou à leurs préférences, mais ils marchent au commandement et au jugement d'un autre.* » La Règle ne comporte pas moins de quarante-deux passages où cette vertu est mise en avant. L'obéissance inclut pratiquement toutes celles exigées du moine au moment de ses vœux, particulièrement la pauvreté qui l'oblige à s'en remettre à son supérieur et à vivre démuni, et la chasteté qui est imposée par la conversion des mœurs. La contrepartie de cette vertu, exigeant du religieux une foi totale, est que le supérieur ne doit commander qu'à bon escient et avec toute la modération imposée par la charité. L'abbé est un père qui exerce son autorité sur ses fils, non pas avec rigueur, mais avec amour et compréhension.

L'humilité est la seconde vertu chère au Cistercien. Elle tient à la fois de notre condition d'homme, qui nous oblige à vivre constamment sous le regard du Dieu créateur, et avec l'amour que nous avons pour le Christ qui nous a aimés jusqu'à donner sa vie pour nous. La Règle enseigne qu'il y a douze degrés d'humilité, du premier par lequel l'homme « *se rappelle sans cesse tout ce que Dieu a commandé* », jusqu'au douzième par lequel le moine « *non seulement possède l'humilité dans son cœur, mais encore la manifeste par son maintien à ceux qui le regardent* ». Lorsque le moine aura gravi les douze degrés de l'humilité « *il parviendra à la charité de Dieu* », et il atteindra les plus hauts sommets de la perfection spirituelle. L'homme intérieur sera totalement transformé par cette pratique, ce qui se répercutera sur son maintien extérieur, et, par là, sur son comportement intérieur dans la communauté. Saint Bernard, reprenant ce passage de la Règle, en fait un commentaire détaillé sans son *Traité des Degrés de l'Humilité*. Il évoque souvent avec humour les péchés et les défauts qui peuvent saisir le moine, et il les illustre par des portraits de religieux pris dans la vie quotidienne du monastère. L'humilité ainsi pratiquée nous procure une meilleure connaissance de nous-mêmes et engendre en nous la charité. En nous éclairant sur notre condition humaine, elle nous porte à la pénitence.

De ces vertus découlent bien d'autres que le moine doit être amené à pratiquer. Le zèle et la ponctualité lui permettent de répondre à l'appel qui s'est manifesté en lui au moment de sa vocation. Cette réponse, c'est le don de sa personne sans réticence, sans appel, sans regard en arrière, à la fois à Dieu et à la communauté qu'il a choisie comme famille. Le moine, dit saint Benoît, doit servir avec zèle et ponctualité. Cet état du corps et de l'esprit est facilité et entretenu par une autre disposition imposée au moine : le silence. Il faut se taire pour ne pas se disperser et laisser parler Dieu à son cœur. Au chapitre 6, saint Benoît enseigne : « *Il est écrit : en parlant beaucoup tu ne saurais éviter le péché.* » Et ailleurs : « *Mort et vie sont au pouvoir de la langue. Et de fait parler et instruire reviennent au maître, se taire et écouter conviennent au disciple.* » Dans le monastère cistercien, le silence est la règle. Seuls peuvent parler les supérieurs, l'abbé, le maître des novices, le cellerier pour les besoins du service, ou pour s'adresser aux religieux à qui ils donnent des ordres. Les moines ne doivent avoir entre eux aucune conversation. S'il y a nécessité, ils peuvent communiquer entre eux par un ensemble de signes conventionnels qui expriment schématiquement leur pensée. Ce silence de l'intérieur et avec l'extérieur est une des conditions essentielles de la contemplation. Les constitutions de l'Ordre précisent que « *c'est par la voie de la contemplation et de la pénitence qu'on cherche la perfection de la vie spirituelle* ».

La contemplation cistercienne ne doit pas être prise au sens restrictif de disposition mystique. La contemplation chez le moine de Cîteaux s'étend à toute démarche de l'âme et de l'esprit qui permet de regarder Dieu intérieurement et de méditer sur sa bonté à l'égard de sa créature. Le déroulement de la journée du Cistercien, rythmée par les heures canoniales, dispose le moine, le conditionne même, à entrer dans cet état. L'office divin sept fois par jour, la messe conventuelle, l'oraison particulière inclinent le religieux au recueillement et à la méditation. Les premiers Cisterciens avaient adopté la formule de saint Arsène : « *Fuge, tace, quiesce.* » Fuyez tout ce qui vous éloigne de Dieu, taisez-vous et restez en paix tant à l'intérieur de vous-même que dans vos rapports extérieurs. Le moine cistercien est donc un contemplatif et il est formé pour cela.

À côté de cet état commun aux religieux de l'Ordre, on peut compter des contemplatifs au sens strict du terme : saint Aelred de Rievaulx, Guillaume de Saint-Thierry, un ami de saint Bernard, Alain de Lille ; le bienheureux Guerric d'Igny, sainte Mechtilde de Hackeborn et sainte Gertrude, de nos jours une religieuse trappistine, sœur Marie-Gabriella, béatifiée par Jean-Paul II. Leur maître à tous est Bernard de Clairvaux, qui écrivit de nombreux traités sur la contemplation, dont les célèbres *Lettres sur le Cantique des Cantiques*. Pour Bernard, le cantique de l'amour n'est pas entendu au dehors : « *Seule celle qui le chante et celui à qui il est chanté, c'est-à-dire l'Époux et l'Épouse l'entendent.* » Et cette écoute ne peut être réalisée que dans la prière et le silence, qui conduisent inéluctablement à la contemplation.

La pénitence est une autre vertu du moine qui l'amène au renoncement de soi, au rejet du vieil homme et à la perfection spirituelle. La Trappe, monastère cistercien, a été longtemps synonyme d'austérité, de mortification et de dures pénitences imposées au moine pour mieux façonner sa personne et le couler en quelque sorte dans le moule voulu par les fondateurs. La caricature extrême de cet ordre affirmait que chaque religieux avait un crâne de mort sur sa table et ne rencontrait jamais un de ses frères sans le saluer par : « *Frère, il faut mourir.* » Tout cela appartient à la légende, au folklore, le monastère cistercien n'est pas un lieu de torture, et lorsqu'on croise un moine dans les couloirs de l'abbaye on n'a pas l'impression d'avoir en face de soi un être tourmenté et malheureux. En réalité, quelles sont les pénitences en usage dans un monastère ? Il y a d'abord le jeûne et l'abstinence. La règle primitive prévoyait un repas unique en hiver vers deux heures et demi, deux repas en été, un à midi, un le soir. Les moines de premiers temps supportaient allégrement ce régime qui ne différait guère de celui des paysans de l'époque. Des modifications et des adoucissements ont été apportés à cette règle, en particulier depuis le Concile Vatican II. Les règlements ont été adaptés aux conditions de notre époque. Les tempéraments sont peut-être moins forts qu'au temps de saint Benoît et de saint Bernard, et il ne faut pas décourager les jeunes vocations pour des questions souvent accessoires.

La loi de l'abstinence était en vigueur. Au dîner on servait deux portions cuites de légumes, de pâtes, de riz ou de laitages, auxquelles pouvait s'ajouter la soupe. La viande était proscrite, mais le poisson permis dans certaines circonstances.

La Règle exigeait que les moines dormissent tout habillés dans un dortoir commun. On divisait l'année en quatre parties, le Carême, une période de Pâques au 13 septembre, une autre du 14 septembre au 1er novembre et enfin la dernière du 1er novembre au Carême. La durée du sommeil était variable suivant les saisons. En été, à l'époque du gros travail des champs et des nuits courtes, la Règle autorisait la sieste de deux heures environ, après le repas de midi. Ce qui permettait au moine de se reposer environ neuf heures en hiver et sept en été. C'est surtout la brièveté relative de ce repos et les coupures, ainsi que le lever matinal, qui constituaient la véritable pénitence.

Le travail manuel tenait une place importante dans les monastères cisterciens : travail de la terre ou travail à l'intérieur de l'abbaye. Il était effectué par tous les religieux de chœur, aidés par les convers qui étaient plus particulièrement affectés aux tâches pénibles et qui y passaient plus d'heures que les profès.

Le Cistercien accomplissait tout cela du matin au soir dans une vie commune, au milieu de ses frères. La nature des hommes étant ce qu'elle est, il fallait beaucoup de patience, beaucoup d'abnégation pour se supporter les uns les autres. Sainte Thérèse de Lisieux disait que ce qui lui était le plus pénible dans son carmel et l'agaçait le plus était le bruit répété que faisait le chapelet d'une de ses compagnes pendant les offices. Cette existence communautaire, cette promiscuité constante favorisaient certainement les progrès de la charité mutuelle, mais que d'efforts et de renoncements.

C'est dans toutes ces dispositions que se découvre l'esprit de Cîteaux. À l'homme en général, épris de liberté, plus porté par nature à l'individualisme et à la vie sans contrainte, le monde extérieur et la vie en société imposent des limites. Le Cistercien lui, choisit librement ce genre de vie, dont il connaît les inconvénients mais aussi les fruits. Pourquoi s'imposer par des vœux ces exigences d'humilité, de pauvreté, d'obéissance ? C'est par amour que le religieux se mortifie, amour pour le monde, amour pour ses frères, amour pour Dieu. Amour d'autant plus positif qu'il est librement consenti. Et cet amour débouche sur le bonheur. Aux yeux de celui qui juge que la Règle est dure et contraignante, le bonheur du moine dans son cloître paraît évident, non pas un bonheur béat et idyllique, mais un bonheur qui laisse transparaître la paix du cœur et celle de l'esprit.

Dans la spiritualité cistercienne, une place particulière doit être faite pour la dévotion à la Vierge. Les constitutions de Cîteaux précisent que « *marchant sur les traces de nos ancêtres, nous faisons profession d'appartenir spécialement à la Bienheureuse Vierge Marie* ». Le culte marial existait avant Cîteaux, mais c'est par les Cisterciens, et surtout par saint Bernard, que cette dévotion s'est développée. Avant Cîteaux, la Vierge était surtout honorée comme le modèle des vierges et l'instrument de la rédemption. Avec les Cisterciens, le ton change. Marie n'est plus seulement perçue, par un raisonnement de l'esprit, comme le passage par lequel se fait notre rachat, mais la spiritualité cistercienne introduit un élément nouveau : la Vierge n'est plus uniquement reine, mais elle est mère, la Mère de Miséricorde qui tourne ses yeux vers le pécheur pour le faire sortir de cette vallée de larmes. Elle prend Cîteaux sous sa protection, comme cette Vierge de Notre-Dame de la Merci popularisée par la peinture, qui abrite religieux et religieuses sous son blanc manteau. Elle promet à l'Ordre de le défendre jusqu'à la fin des siècles (saint Albéric), elle impose la coule blanche comme habit de l'Ordre. Le vocable de Notre-Dame fut répandu par les Cisterciens, la Dame des chevaliers et des troubadours fut sublimée par ce terme. Dès 1134, le Chapitre général décréta que tous les monastères cisterciens seraient placés sous la protection de la Vierge.

Pour répandre cet appel marial, les Cisterciens font une place toute spéciale au culte de la Vierge dans la liturgie et dans les heures canoniales. En 1185, le petit office de la Sainte Vierge devient une prière commune à tous les monastères de l'Ordre. La journée du moine débute par les laudes et l'office de la sainte Vierge. Depuis 1216, le *Salve Regina* est chanté dans chaque abbaye avant le coucher.

Saint Bernard a été le chantre de Marie et ses écrits poétiques en l'honneur de la Vierge ont profondément nourri la piété mariale depuis le XIIIᵉ siècle. Il écrivit différents traités sur la Vierge. Le premier, *De laudibus virginis Mariae*, expose ce qu'est la maternité divine de Marie et sa place dans l'ordre de la rédemption. Dans un second écrit adressé aux chanoines de Lyon, l'abbé de Clairvaux examine la conception de la Vierge. Paradoxalement, il se trouve en contradiction avec ce qui deviendra – et qui reste toujours – la doctrine officielle de l'Église, l'Immaculée-Conception. Saint Bernard affirme que Marie n'a pas pu être immaculée dans sa conception, car « *elle ne pouvait être sanctifiée avant d'exister et elle n'existait pas avant d'être conçue* ». Un autre écrit, *Aquaeducta*, explique comment Marie est la voie par laquelle les mérites du Christ passent aux hommes : Marie Médiatrice. Saint Bernard n'est pas le seul Cistercien a avoir exalté Marie. Adam de l'Étoile (1221) prononça une série de sermons sur la Sainte Vierge. En Angleterre, Étienne de Salley (mort en 1252) insista sur le rôle de Marie co-rédemptrice et médiatrice.

La conclusion à cet amour pour Marie, c'est saint Bernard lui-même qui la donne :

« *Quand on la suit, on ne désespère pas ; quand on pense à elle, on ne s'égare pas ; quand elle nous tient, nous ne tombons pas ; quand elle nous protège, nous ne craignons rien ; quand elle nous conduit, nous ne nous fatiguons pas ; quand elle nous est propice nous arrivons au port.* »

Cîteaux a ainsi enrichi la théologie et la liturgie de l'Église par ce culte marial. Il s'exprime encore de nos jours dans des prières et des fêtes qui restent chères au cœur du chrétien.

XI.

L'ART DE CÎTEAUX

Existe-t-il un art cistercien ? Le débat est engagé depuis longtemps entre ses partisans et ses détracteurs.

Le XIᵉ siècle créa un art qui dépassa les tentatives qui avaient été faites jusque-là et qui aboutit au premier grand style médiéval : le roman. Le moine cluniste, Raoul Glaber, relatant dans ses *Histoires*, aux premières années du XIᵉ siècle, la reconstruction des églises dans toute l'Europe occidentale, écrit ces phrases si souvent citées :

« *C'était comme si le monde entier eût secoué ses vieux haillons pour se revêtir d'un blanc manteau d'églises.* » Et il ajoute : « *Alors les fidèles reconstruisirent toutes les cathédrales, mais aussi les monastères et les petites églises de village.* » C'était l'élan de la foi.

L'Ordre cistercien participa à ce grand mouvement et construisit non seulement des églises, mais aussi ces grands ensembles monumentaux qui font, aujourd'hui encore, qu'ils soient en ruines ou demeurés intacts, l'admiration des visiteurs.

Bernard de Clairvaux, on l'a vu, exerça son influence dans quantité de domaines, religieux, politique, social. Il en est un qu'il a également marqué de son empreinte, celui de l'art. Son autorité y fut fortement discutée, on l'accusa même d'être un iconoclaste. Ce qui est inacceptable. En effet, le point de vue de saint Bernard sur l'art ne se comprend qu'en fonction de sa spiritualité et de son rapport à Dieu.

Dans l'art cistercien, l'architecture tient une grand place, sinon la place essentielle. La structure du monastère, œuvre de « *pierres sauvages* » (Fernand Pouillon), façonna le moine autant que la Règle, œuvre de l'esprit. Si bien que l'on a pu dire que le moine hors de son monastère était comme un poisson hors de l'eau. Saint Benoît lui-même précise que « *le monastère est l'atelier où le moine s'exerce à l'état spirituel* ». Et le monastère cistercien est en accord avec la spiritualité de la Règle à la fois dans son site, dans son plan et dans son décor.

Fondé près de deux cents ans avant Cîteaux, Cluny avait été au cours du XIe siècle, avec ses filiales, le promoteur de l'art architectural roman. La grande abbaye avait adopté ce type de constructions, qui trouva son apogée avec les basiliques de Saint-Sernin, à Toulouse, et de Saint-Jacques, à Compostelle. Ce style avait été fortement marqué par la popularité sans cesse croissante des pèlerinages et par le culte des reliques. Il avait fallu adapter les églises et les lieux d'accueil pour recevoir le plus grand nombre possible de pèlerins et de jacquets. À son zénith, Cluny donnait le ton avec sa vaste église abbatiale de 187 mètres de long, son sanctuaire avec déambulatoire qui permettait la vénération des reliques, son immense nef aux deux transepts, bordée de collatéraux, ses sept clochers, son narthex et sa façade encadrée par deux tours. L'intérieur même de l'église abbatiale s'enrichissait de fresques, de chapîteaux historiés, d'objets du culte tels la grande croix de l'autel, ornée d'émaux, d'or ciselé et de pierreries, et le fameux candélabre de la reine Mathilde d'Angleterre, qui illuminait le maître-autel avec ses 18 pieds de haut. Le monument était à la mesure de l'ordre religieux le plus puissant du monde.

Les ambitions de Cîteaux et de saint Bernard sont tout autres. L'Ordre cistercien, en réaction contre les Clunistes, veut revenir à une observance plus stricte de la règle de saint Benoît, telle qu'elle était à ses débuts. Davantage de pauvreté, davantage de simplicité, tel était le mot d'ordre de Cîteaux à ses débuts. Mais ceci ne signifiait pas que le résultat fut médiocre. La beauté dépouillée d'abbayes telles que

Fontenay, Sénanque ou le Thoronet atteint au sublime.

Et la spiritualité de saint Bernard ne fera que confirmer les Cisterciens dans ce mode de pensée. C'est une conception de l'art différente de celle qui a présidé, à la même époque, à la construction des grandes cathédrales gothiques, dont la beauté architecturale est la plus foisonnante que la simplicité cistercienne. Et qui sait si l'art de Cîteaux n'a pas empêché la déviance de cet art religieux, qui se retrouvera plus tard, beaucoup plus tard, dans le style gothique flamboyant, ou, avatar suprême, dans la théâtralité du style rococo, au XVIIIe siècle.

L'art cistercien, malgré certaines évolutions qui se produisirent particulièrement à l'étranger, est d'une extrême homogénéité. Ce style proprement cistercien, fruit de la spiritualité dont Bernard de Clairvaux fut l'initiateur et le chantre incontesté, se retrouve dans la plupart des monastères de l'Ordre, et l'exemple le plus parfait en est donné par les trois abbayes sœurs de Provence, Sénanque, le Thoronet et Silvacane.

Comme l'a écrit le P. Bouyer, un de ceux qui ont le mieux analysé l'œuvre de saint Bernard : « *Comme il en est pour tous les grands créateurs, qui ont influencé leur siècle au point de sembler parfois l'avoir déterminé, c'est ce qu'il avait de spontanément accordé aux tendances de son époque qui va lui permettre en retour de l'influencer si fortement.* »

Contrairement à ce que l'on a dit pendant longtemps, l'action de Bernard de Clairvaux sur l'art n'a pas été frénatrice, mais dynamique. Il semble au contraire, à la lumière de recherches archéologiques récentes, que ce soit Cîteaux qui fit évoluer l'art du roman au gothique. Bien loin d'avoir été un fossoyeur de l'art de son temps, Bernard en a été un des moteurs. Anne-Marie Armand l'a clairement démontré dans ses ouvrages : *Saint Bernard et la cathédrale gothique, Les Cisterciens et le renouveau des techniques.*

Dans son traité *Apologia ad Guglielmum*, Bernard de Clairvaux fait une violente critique de Cluny. Il reproche aux Clunistes le luxe dans leurs habits et la nourriture, et surtout « *la longueur immodérée de leurs nefs, leur largeur superflue, les revêtements somptueux, les sculptures et peintures curieuses qui captivent le regard des fidèles et détournent l'attention* ». Et de fait, les grandes églises bénédictines distrayaient plus le fidèle qu'elles ne l'incitaient à la prière et à la méditation. L'Église a toujours affirmé que l'art religieux doit procurer au peuple chrétien, non pas l'agrément, mais la dévotion. C'est ce à quoi s'attacha Cîteaux.

D'abord, le choix du site était important, car il influençait les structures architecturales et la vie des moines. Le moine, comme son nom l'indique, est un être qui vit dans la solitude, même si elle est partagée à plusieurs. Le site doit être à l'écart du monde. Il est un aphorisme énoncé volontiers à l'encontre des moines qui observent la règle de saint Benoît :

Bernardus valles, colles Benedictus amabat
Bernard aimait les vallées, Benoît les collines

phrase qui est la vulgarisation d'un passage de la *Chronique des illustres monastères de Germanie*, du poète allemand Gaspard Brusch, au XVIᵉ siècle.

Il est certain que beaucoup de monastères bénédictins sont construits sur des collines, mais il y a des exceptions de marque comme Cluny elle-même. En revanche, les monastères cisterciens se trouvent presque toujours dans des vallons ombragés, à proximité des cours d'eau ou des ruisseaux qui leur étaient nécessaires pour l'approvisionnement en eau, destinée aux moulins, aux forges, aux fouloirs et aux grands viviers où les moines nourrissaient des poissons. Bien souvent aussi les nouvelles fondations s'élevaient sur des lieux qui leur avaient été donnés par les seigneurs de l'endroit et qui étaient de véritables déserts de pierres, sans arbres, ni végétation, dont les moines devaient s'accommoder.

Les sites inspiraient les Cisterciens dans le choix des noms qu'ils donnaient à leurs maisons : Claire vallée ou Clairvaux, Bonmont, Clairmont, Bellecombe, L'Escaladieu (L'Échelle-Dieu). À l'origine des premières fondations cisterciennes, les bâtiments conventuels étaient en bois. Rapidement, surtout avec la création des frères convers, la pierre fit son apparition comme matériau de construction. Elle provenait des carrières proches de l'emplacement du futur monastère ou du lit des rivières et des ruisseaux. Plus rarement, la brique, cuite sur place, fut utilisée.

L'église était construite la première. Elle était orientée vers l'est, c'est-à-dire dans la direction du soleil levant. Le plan en croix bénédictin fut conservé. Le carré était l'élément de base de l'architecture des bâtiments cisterciens. L'église comportait le sanctuaire avec chevet à fond plat en général, dont les plus beaux sont ceux de Silvanès et de Silvacane. Cette disposition, qui se substitue à la conque absidiale, est la marque du style cistercien. Elle ne faisait que reprendre un type existant, celui des petites églises de Bourgogne et de Champagne. La ligne droite exprime bien la fermeté et la rigueur chères à saint Bernard.

En 1140, c'est le plan de Cîteaux et de ses trois premières filles, il se révèle pratique et adapté au programme cistercien. La délimitation par un mur droit facilitait la construction, surtout celle des toitures. Dans le sanctuaire s'élevait l'autel majeur, simple bloc de pierre, souvent en forme de table. Un lavabo et des niches de rangement étaient creusés dans le mur, une autre niche fermée recevait la réserve eucharistique. La nef comprenait deux parties : le chœur des moines qui commençait dans le transept, et les dernières travées séparées du chœur par le jubé. Le jubé était la tribune sur laquelle montait le moine de service pour chanter les psaumes de l'office des Vigiles. Avant d'y accéder, il demandait l'autorisation au père abbé : « *Jube, domine, benedicere* », d'où le nom de l'édifice. Ce jubé marquait la limite au-delà de laquelle les laïcs ne pouvaient aller. C'est dans les dernières travées de la nef que l'on plaça les convers lorsqu'ils firent leur apparition dans les monastères. Cette nef n'avait pas une grande élévation, car vouloir se hausser vers le ciel est œuvre d'orgueil. Le Chapitre de 1157 proscrivit la construction de clochers de pierre, autre marque du style cistercien. Dans le transept, débouchait l'escalier par lequel, à l'heure des Vigiles, les moines profès descendaient directement du dortoir à l'église.

Dans les débuts de l'Ordre, ces églises étaient de dimensions modestes. Mais le nombre croissant de vocations obligea les moines à les construire plus vastes. C'est à ce moment-là que l'on vit apparaître le plan qui allait dorénavant servir de modèles aux églises de l'Ordre de Cîteaux.

La première église construite dont le plan est connu est celle de Clairvaux entre 1135 et 1145. Elle a la forme d'une croix latine avec un chœur étroit et peu profond, de plan carré, un transept sur lequel s'ouvrent trois chapelles strictement alignées de chaque côté. On ne peut douter que ce plan n'exprime les idées de saint Bernard sur les ordres de qui cette église fut construite. Plus rien ne subsiste de cette église aux vastes proportions. Mais la plus exacte réplique est celle de Fontenay, que Clairvaux avait fondée en 1119, et qui fut consacrée par le pape Eugène III, ancien moine de Clairvaux et disciple de saint Bernard. Cet ensemble abbatial représente non seulement le type même du monastère cistercien, mais la manifestation du génie du grand abbé. La marque de sa pensée se retrouve par un double critère : la proscription absolue de toute ornementation gracieuse ou élégante, et la beauté de l'appareil. Cette marque constante est l'expression et le support d'une telle pensée. Une autre innovation – nous l'avons déjà dit – marque ce style : c'est l'absence de la tour du clocher. Pour compenser cette accumulation voulue d'appauvrissement, la lumière est répartie, circulant à travers les piliers. Elle fournit à l'ensemble une atmosphère mystique.

L'église abbatiale de Cîteaux ne fut édifiée que dix ans après, entre 1140 et 1150. Ce style bernardin fut adopté dans l'Europe entière pour les églises de l'Ordre. Il se répandit en Allemagne, en Angleterre, en Italie jusqu'en Suède et en Norvège. Il semble cependant que certaines maisons de l'Ordre refusèrent de se le laisser imposer et rejetèrent le carcan de ce plan-type. Les résistances et les conflits se font jour, dès cette époque-là, dans l'histoire de l'architecture cistercienne. C'est un fait que plusieurs abbayes, de Sénanque à Flaran, n'adoptèrent pas ce modèle et maintinrent les absides en hémicycle. Saint Bernard, par la suite, aurait pu

tempêter contre les constructions luxueuses des XVIIe et
XVIIIe siècles. Peut-être, son rêve de pureté devait-il paraître
inaccessible aux pauvres hommes.

Le plan cistercien simple, qui ne comportait au début qu'un
nombre de chapelles et d'autels restreint, se révéla inadapté
lorsque le nombre des moines-prêtres augmenta. Il fallait que
chacun puisse dire sa messe quotidienne sans entraver le
cours de l'existence communautaire. On construisit alors de
vastes chevets comportant des chapelles multiples, avec
déambulatoire pour faciliter la circulation des moines.
N'oublions pas que Clairvaux abritait dans la seconde moitié
du XIIe siècle jusqu'à sept cents personnes, ouvriers laïcs
compris. Pour éviter toute complication et tout débordement
sur le plan extérieur, ces chapelles ne faisaient pas saillie,
elles étaient contenues par un mur continu à pans coupés.
Cette église était un univers clos qui ne s'ouvrait que sur le
cloître et le dortoir. Pas de grand portail d'entrée, puisqu'elle
n'accueillait pas de fidèles, mais deux petites portes latérales
pour laisser passer les convers ou les quelques hôtes que l'on
recevait au monastère.

Un signe qui montre que l'on s'éloigne de plus en plus de
la primitive règle de Cîteaux fut la construction, au XIIIe siècle,
de vastes églises qui n'avaient rien à voir avec les édifices
modestes des débuts. Le Chapitre général eut beau intervenir
et rappeler les abbés bâtisseurs à l'ordre, rien n'y fit : le virus
faisait ses ravages. Un moine cistercien de l'abbaye de
Froidmont, Hélinand, reprenait plusieurs années après la
diatribe de saint Bernard contre Cluny : « *Pourquoi vous, les
Cisterciens, qui avez tout abandonné et faites profession de
pauvreté, pourquoi donc élevez-vous des édifices si somptueux et superflus ? Vous auriez pu, vous auriez dû renoncer
à tout cela et en donner le prix aux pauvres.* »

Le moment du plein essor de Cîteaux, c'est-à-dire la
seconde moitié du XIIe siècle, est celui où l'architecture
gothique commence à faire son apparition. Les deux styles se
mêlent dans plusieurs édifices cisterciens de cette époque. La
voûte d'arêtes ou la voûte en ogives est utilisée pour la nef et

les collatéraux, l'arc en plein cintre pour les portes et les fenêtres, et les grands arcs de communication entre nef et bas-côtés. La nef est supportée par de gros piliers cruciformes avec des demi-colonnes engagées. Les colonnes s'arrêtent à deux ou trois mètres du sol, reposant sur un culot en forme de cône ou de pyramide renversée. Les chapiteaux sont simples, lisses, ou avec une sculpture en feuilles d'eau très stylisées. Parfois, pour ajouter une fantaisie, on fait des variations sur le nombre, la disposition et les dimensions de ces feuillages, seul ornement permis par l'Ordre. Jamais on ne trouve de figure humaine ou animale sur ces chapiteaux. Les fenêtres, d'une grande simplicité, n'ont pas d'ornementation. En façade, on remarque une préférence pour les fenêtres en triplé ainsi que pour les *oculi*, plutôt que pour les grandes roses. Il va de soi que ces ouvertures ne comportent jamais de vitraux historiés, mais de simples vitres de couleur claire ou légèrement teintée, ce qui donne à ces églises cisterciennes, non pas cette impression de pénombre étouffante qu'ont beaucoup d'édifices religieux de cette époque, mais une grande luminosité avec une répartition de la lumière qui balaie le vaisseau de part et d'autre en deux pinceaux opposés.

Le caractère distinctif des premières églises cisterciennes est la pureté des lignes architecturales, l'harmonie des proportions, l'élégance des voûtes et des piliers, tout ce qui fait que, lorsqu'on visite de nos jours une abbaye cistercienne, on ne peut qu'être saisi par la beauté qui s'en dégage. L'église du Thoronet est à cet égard le modèle le plus achevé de ce style.

Peut-on parler d'un art cistercien, ou plutôt d'un style cistercien ? Les avis divergent, souvent âprement discutés. Une de mes amies, professeur d'histoire de l'art médiéval, soutient fermement que l'art cistercien n'existe pas en tant que tel, il y a simplement une architecture cistercienne. Georges Duby, lui, tient pour l'art cistercien, lorsqu'il écrit dans son ouvrage *Saint Bernard. L'Art Cistercien* :

« *Un art. Force est de s'interroger sur le sens et la fonction que Bernard de Clairvaux et ses compagnons attribuaient à ce que nous appelons ainsi. À l'époque, la signification du terme était fort large, il désignait tout procédé manuel, instrumental, intellectuel, capable de transformer une matière brute, de la domestiquer, de la rendre de plus en plus apte à des usages de plus en plus raffinés. Les arts, c'étaient tous les moyens de dompter le naturel, d'élaborer, de promouvoir une culture. »*

L'architecture de Cîteaux est bien réelle. C'est le travail d'ouvriers de Dieu plus que d'archictectes. Mais d'ouvriers inspirés, formés dans les ateliers de l'âme et de l'esprit. Leur architecture est appliquée à la liturgie, dont l'unique but est de louer Dieu sept fois le jour, une fois la nuit. Il y a des objets façonnés par des artisans qui ont quelquefois plus de beauté que des œuvres d'artistes. Cîteaux est de cette veine-là. Son architecture exprime les élans de l'homme vers Dieu. Et ces élans, pour se manifester, n'ont pas besoin de fioritures ni d'enjolivures. La simplicité des lignes, la pureté des courbes, la rigueur du dessin dans l'art de Cîteaux se suffisent à elles-mêmes.

On peut alors débattre de l'art de Cîteaux, ou du style de Cîteaux, ou de l'adaptation de Cîteaux aux nouvelles lignes architecturales. Tout se ramène en fin de compte à la beauté d'un matériau, à la perfection d'un arc ou d'une voûte. La rigueur de la pierre est celle de la Règle. Comme l'écrit Gillebert de Hoilandie, abbé de Cîteaux : « *La rudesse des observances régulières de la pierre de la discipline donnent souvent de larges ruisseaux d'huile, et la rigueur de l'ordre semblable à celle de la pierre fait sentir à l'âme la douceur de la prière* » (*Troisième traité ascétique*).

Ce style est nourri au départ par les éléments architecturaux des édifices religieux que les premiers Cisterciens rencontrèrent sur place, en Bourgogne ou en Champagne. Ils l'ont reproduit en l'adaptant à leur esprit de pauvreté et aux besoins de leur vie de communauté. Ce style s'est reproduit par la suite dans tous les monuments de l'Ordre, et il a été adopté en Allemagne, en Italie, en Angleterre, en Espagne, en même temps que les maîtres d'ouvrage, souvent formés dans les grandes abbayes cisterciennes, appliquaient les mêmes méthodes de construction. Le maître des novices de Clairvaux, Achard, était l'architecte inspecteur des abbayes de l'Ordre. D'autre part, les caractéristiques architecturales des édifices cisterciens, en particulier des églises, travail sur les volumes, et non sur les surfaces, chevet à fond plat, grande luminosité intérieure, absence de clocher, ces caractéristiques permettent de dire, semble-t-il, qu'il existe bien un art cistercien, sinon une architecture spécifiquement cistercienne.

Les Cisterciens, face au courant traditionnel tout imprégné des méthodes de Cluny, sont des novateurs, *ils tournent le dos au siècle*, dit Jacques Duby. Ils rénovent la règle de saint Benoît, mais ils transforment en même temps le style monastique et le style architectural. Plus de rigueur dans le déroulement quotidien de l'existence du moine s'accompagne de plus de rigueur dans son cadre de vie. Le style clunisien, avec toutes ses ornementations à la fois dans la pierre et dans la liturgie, apportait une déviation du goût et de la pratique monastique. À accumuler trop de beautés, on en arrive à ne plus les voir et surtout à ne plus en percevoir le sens. Plus de pureté mène à plus d'amour, c'est ce que les Cisterciens ont compris.

L'art de Cîteaux se manifesta dès les débuts de l'aventure. Il n'était pas uniquement centré sur la beauté d'un édifice aux lignes pures, mais il commençait par le choix du site, dès que la fondation du monastère était décidée. Cet art est un tout, du début de la construction à l'ultime décoration. C'est en cela que les abbayes cisterciennes nous émeuvent, non seulement par la beauté de leur esthétique, mais parce qu'elles offrent aux yeux un ensemble dont la parfaite harmonie des lignes entraîne la totale harmonie de l'esprit. Pour Cîteaux, l'art est une symbolique qui se traduit par une nouveauté des formes édifiées dans un matériau brut. Les Cisterciens, en adoptant le vocabulaire bourguignon de l'époque, traduisent, souvent sans le vouloir, une harmonie de masse et de volumes qui fait qu'ils ont un style bien à eux. Ce style se maintint pendant de longues années, à partir de 1134, malgré la tentation naturelle, surtout en période de relâchement, de le rendre moins austère, plus souple, plus aimable.

La symbolique la plus achevée s'exprime dans le cloître. Le cloître, c'est le lieu de rencontre où se retrouvent les moines, qu'ils sortent de l'église, qu'ils entrent au réfectoire, qu'ils aillent au *scriptorium* ou qu'ils montent au dortoir. Or le cloître, c'est le carré parfait qui, par ses quatre côtés égaux, exprime la complète harmonie de l'âme unie à Dieu. C'est le parcours idéal que le religieux accomplit chaque jour pour entrer en communication avec son créateur. Mais le cloître, c'est aussi le point d'intersection et de rencontre de toutes les parties du monastère, le lieu idéal où l'amour de la créature pour son créateur et pour ses frères peut le mieux s'exprimer. Le cloître, tout autant que l'église, mieux peut-être, est l'endroit où le moine se sent vraiment en communion avec son Dieu, mais aussi avec la nature et le monde extérieur qu'il peut imaginer à travers les arcatures de l'édifice. Si l'église est « l'atelier majeur », le cloître est le lieu de passage obligé, incontournable dirions-nous, de la vie monastique. Pas de moine sans cloître.

Si l'art cistercien a pris une telle ampleur, c'est qu'il correspondait à la Règle épurée par Robert de Molesme, puis structurée et fixée par Bernard de Clairvaux. Il répondait également au mode de vie adopté par ces hommes dans une société qui, déjà au début du XIIᵉ siècle, était en pleine transformation sociale, politique, économique et religieuse. Le message de Cîteaux a rappelé au monde que tout ne se ramène pas à un problème de rentabilité, comme nous disons aujourd'hui, mais qu'à côté de la matérialité de l'existence, il y a l'homme pécheur, mais déjà racheté et sauvé. L'Ordre a exprimé tout cela par la parole, mais aussi par l'art, un art qui lui est propre, un art qui manifeste toute sa spiritualité.

On a coutume de dire que les sculptures des cathédrales gothiques étaient le livre d'images dans lequel le peuple lisait son histoire et sa destinée. Cîteaux, par son style, par son art, a été l'expression la plus parfaite de cet esprit pré-gothique, fait à la fois de rigueur et de joie d'être. Les pères fondateurs de Cîteaux n'avaient rien d'autre à dire que leur foi. Enfermés dans un monastère, ils ne pouvaient pas la crier au monde. L'architecture fut la voix qu'ils utilisèrent.

Le moine bénédictin, celui de Cluny en particulier, ne

correspondait plus aux aspirations de l'Église. Le pape
Calixte II comprit que la toute-puissance de Cluny faisait
obstacle au pouvoir des évêques, et indirectement à celui du
Saint-Siège. Les Cisterciens, eux, se pliaient aux directives du
pape, dont ils relevaient directement. Ils appliquaient la
réforme grégorienne sans velléité d'indépendance. À tel point
que le passage par une abbaye cistercienne apparaissait
comme la meilleure préparation à une carrière ecclésiastique
exceptionnelle. Le pape Eugène II, ancien moine de
Clairvaux, disciple de saint Bernard, en fut l'exemple éclatant.

L'univers cistercien, c'est en grande partie l'univers de la
terre, d'où vient toute richesse. Et sur ce plan-là, les abbayes
cisterciennes ont été les grands moteurs de l'économie du
XIIᵉ siècle. Mais cet univers, c'est d'abord celui que le moine
a quotidiennement sous les yeux, c'est-à-dire son monastère,
ce pur produit de l'art cistercien. Cîteaux avait banni de son
art l'imaginaire au nom de l'humilité et de l'observance de la
Règle. Gillebert de Hoilandie le disait bien : « *Par ce silence
et par cette simplicité, nous nous transformons, avançant de
clarté en clarté.* » Il reprenait ainsi la pensée du psaume 40 :
« *L'homme dans son luxe ne comprend pas, il ressemble au
bétail qu'on abat.* »

Telle est la fonction de cet art cistercien, qui concrétise les
rêves des premiers pères, et surtout ceux de Bernard de
Clairvaux. Cîteaux, plongé dans l'élan de croissance qui
marque le XIIᵉ siècle, a ramené cet art, ce style, cette architecture (appelez-le comme il vous plaira), à l'essentiel, celui de
la pierre nue, de la ligne pure, qui transportent la foi et la
prière et ne la dispersent pas, comme le luxe du style de
Cluny.

Le rêve de saint Bernard se matérialisait dans cette architecture, qui, selon ses vues, voulait attirer l'humanité entière
à la conquête de soi. L'architecture de Cîteaux, dans sa nudité,
est bien ce château aventureux dans lequel le chevalier
pénètre pour y tenter « la plus grande aventure du monde ».

Aujourd'hui subsistent encore ces murs de « pierres

sauvages », habités ou vides, vivants ou en ruines, dont la vue donne à l'homme le sens de l'infinie beauté de Dieu.

Saint Bernard a été l'un des premiers, sinon le premier, à entrevoir les rapports que l'art pouvait avoir avec le salut.

Une chose est à noter à propos de l'art de Cluny, dont Bernard de Clairvaux fut le farouche adversaire. Les monastères bénédictins, et celui de Cluny en particulier, étaient ouverts à un large public de laïcs, qui venaient soit prier dans les églises soit se former et s'instruire à l'intérieur des monastères. Cîteaux, lui, représente un univers clos, qui s'est volontairement fermé au monde. La clôture y est strictement observée, en même temps qu'une austérité librement consentie, qui se manifeste dans tous les actes de la vie du moine, aussi bien dans son habillement que dans son mode de vie. Le dépouillement ici est atteint au plus haut degré. Le corollaire coule de source, pas d'ornements superflus, pas de fioritures dans la décoration qui ne servent qu'à détourner l'attention du moine. Saint Bernard ne veut rien de ce qui peut rabaisser le moine et l'empêcher de se hisser jusqu'aux hauteurs spirituelles. Or les chapiteaux historiés des églises et des cloîtres, les fresques murales racontant la vie des saints, les vitraux aux couleurs éclatantes, les enluminures des manuscrits et des antiphonaires, tout cela empêche la réflexion et la méditation, incite à la facilité, et, en définitive, rabaisse l'esprit du moine. L'esthétique de saint Bernard n'est pas un refus de l'art, comme les Clunistes l'en ont accusé, mais c'est une autre approche de l'art. Par le choix du matériau, l'assemblage des pierres, la répartition subtile et équilibrée des volumes, l'art cistercien est épuré, comme l'âme et l'esprit cisterciens sont assainis par la prière, la méditation et la pénitence. *« Le choix des formes de la simplicité est d'abord de nature éthique, non esthétique »*, comme l'écrit Léon Pressouyre dans *Le Rêve cistercien*.

Certains peintres contemporains ont voulu voir chez les Cisterciens les précurseurs d'un art abstrait. D'autres par contre les ont accusés d'avoir voulu pérenniser un art « intégriste », qui ne voulait pas s'ouvrir et s'adapter aux nouvelles conceptions esthétiques des XIIᵉ et XIIIᵉ siècles. Rien n'est plus faux, dans le premier cas comme dans le second. Que voulait dire art abstrait, quelle était la notion d'art rétrograde au siècle de saint Bernard ? Au contraire, Cîteaux ignorait les modes éphémères et s'en tenait à l'essentiel : l'art au service de Dieu.

L'art cistercien, c'est un art en mouvement qui élève l'individu vers les plus hauts sommets de l'esprit, remplissant ainsi la mission pour laquelle il a été conçu.

Une place à part dans l'art de Cîteaux doit être faite à la liturgie. La liturgie a pour but d'exprimer l'*Opus Dei*, l'Œuvre de Dieu. La réforme de Benoît d'Aniane avait abandonné le travail manuel et l'avait remplacé par la louange divine. Les fondateurs de Cîteaux voulurent revenir aux premiers enseignements de la Règle, et donner à l'office divin sa juste place. L'*Opus Dei* avait été la raison d'être des moines de Cluny, il occupait la majeure partie de la journée, les religieux récitaient un nombre incalculable de psaumes, sans compter les cérémonies religieuses. Suivant la règle de saint Benoît, les moines devaient réciter les cent cinquante psaumes du psautier en une semaine, alors que la liturgie clunisienne leur en imposait deux cent dix par jour ! Les Cisterciens élaguèrent pour s'en tenir à l'office canonial strict, sans adjonction de psaumes supplémentaires, ce qui souleva une vigoureuse protestation des religieux contemporains. Étienne Harding entreprit une correction de la Bible pour restituer le texte primitif de la Vulgate. Il alla jusqu'à consulter des juifs érudits et des rabbins pour arriver à l'approche la plus exacte de l'Ancien Testament en hébreu original. Sa Bible fut publiée en 1109, en quatre volumes magnifiquement illustrés par des enluminures.

La musique et le chant grégorien accaparèrent également l'attention des pères fondateurs de Cîteaux.

Le Cistercien est un religieux qui chante, ou plutôt qui psalmodie : une fois au milieu de la nuit, lorsqu'il descend à l'église pour l'office des Vigiles, sept fois pendant le jour. Le moine chante des psaumes, et les églises cisterciennes sont de merveilleux édifices où l'acoustique est parfaite. L'église du

Thoronet – encore elle – est certainement celle qui possède la meilleure acoustique. De nos jours, si l'on veut procéder à l'enregistrement optimal du chant cistercien, il faut le faire au Thoronet, à Sénanque, ou encore à Silvanès. Anne-Marie Deschamps dit que « *la spécificité de ce lieu* (Silvanès) *réside dans la clarté des harmoniques d'octave et de quinte, et phénomène plus rare encore, de tierce et de septième dégagés par les pierres* ».

Le chant cistercien fut codifié au début du XIIe siècle. Saint Bernard n'était pas musicien, mais il voulait épurer le chant grégorien, tel qu'il était pratiqué par les Bénédictins, comme il épurait à la même époque l'intérieur des églises. Les moines cisterciens édictèrent *Les Règles d'un plain-chant juste* qu'ils adaptaient aux mélodies déjà en usage.

L'église de Metz avait soigneusement conservé la liturgie du temps de saint Grégoire le Grand. Des moines cisterciens furent chargés d'en faire des copies des mélodies originelles sous forme d'un antiphonaire, qui devint le modèle officiel dont se servaient tous les établissements cisterciens. Mais saint Bernard ajouta sa touche personnelle à cette réforme. En 1134, une commission fut nommée dont Bernard était le président. Elle était chargée de revoir une nouvelle fois le chant liturgique et d'en expurger tout ce qui aurait pu passer inaperçu à un premier examen. Un nouvel antiphonaire fut élaboré, qui donnait la priorité aux mélodies brèves et simples. Cette réforme du chant grégorien persista dans l'Ordre jusqu'au XVIIe siècle, époque à laquelle la polyphonie fut introduite dans le chant religieux. Ce n'est qu'au XIXe siècle que l'Ordre entreprit un retour au chant grégorien, qui aboutit à la publication d'un nouveau graduel et d'un antiphonaire.

Les Cisterciens adoptèrent pour le rite de la messe celui de la province de Lyon, à laquelle Cîteaux était rattachée. C'était le rite dit romano-franc. Le cérémonial de la messe fut simplifié en application des principes de pauvreté de l'Ordre. L'autel ne comportait aucune décoration superflue, une simple croix de bois suffisait. Les ornements, chasubles, chapes étaient en lin ou en laine sans ornements ajoutés. Les objets sacrés étaient en métal simple, étain, fer, ou encore en terre cuite. Le rituel de la grand-messe était réduit, avec l'assistance d'un seul servant. Au cours de la messe, le célébrant n'était pas tenu de réciter certaines prières normalement incluses dans le rite romain. La communion était distribuée sous les deux espèces. La génuflexion devant l'autel – ou le Saint-Sacrement – était remplacée par une inclination profonde pour le célébrant.

Cette simplicité primitive de la liturgie fit place au cours des siècles à un rite plus compliqué, en même temps que l'Ordre perdait les caractéristiques de ses origines. Décadence de l'Ordre, décadence de la liturgie, ceci étant accentué par l'influence de plus en plus prépondérante de la liturgie romaine. Un déclin des traditions primitives fut marqué par l'augmentation des fêtes, en particulier de celles des saints cisterciens. La fête de saint Bernard fut célébrée pour la première fois en août 1174. L'office de la Sainte Vierge devint obligatoire pour les moines séjournant dans les granges et pour ceux qui étaient hospitalisés à l'infirmerie. Cependant, le maintien de l'unité liturgique fut un des soucis constants du Chapitre général. Celui-ci comprit vite l'importance de l'imprimerie naissante. Le premier bréviaire cistercien fut imprimé à Bâle en 1484 par les soins de Nicolas Salicetus, abbé de Baugarten, en Allemagne. Par ailleurs, l'adoption dans l'Église universelle du nouveau missel romain après le Concile de Trente entraîna la décadence des rites propres à l'Ordre cistercien. Les tenants de la stricte observance au XVIIe siècle entreprirent la révision du bréviaire cistercien, sous la direction de dom Jean Vaussin, abbé de Cîteaux. Ce bréviaire fut finalement adopté en 1666 par la constitution *In Suprema* du pape Alexandre VII, qui réglait les problèmes de la réforme de la stricte observance. En 1771, une nouvelle révision du bréviaire y introduisit quatre nouvelles fêtes de l'Église universelle. Il fut solennellement approuvé par Pie XI. Enfin une réforme récente de 1955, qui simplifie le bréviaire romain, a été adaptée à la liturgie de la commune observance.

L'ART DÉCORATIF

À l'époque de saint Bernard, l'art décoratif subissait l'influence des rapports qui existaient entre l'Occident et l'Orient, soit par le commerce, soit par le mouvement de populations engendré par la Croisade. Le motif qui servait à orner les églises était souvent imité de l'art de Byzance, ou même de l'art arabe. Le roman d'abord, puis le gothique contribuèrent à l'évolution de cet art décoratif en substituant aux antiques motifs des représentations plus proches du réel que l'artiste voyait autour de lui. Cet art décoratif, stylisé et épuré, atteignit son sommet avec l'art cistercien. À Cîteaux, l'iconographie, nous l'avons déjà souligné, relève du registre végétal ou géométrique. L'intransigeance du Chapitre général sur ce point-là se manifesta jusqu'au XIIIᵉ siècle.

L'enluminure était également un des moyens d'expression du moine, qui passait une partie de sa journée au scriptorium, en train de recopier des textes sacrés. Le Chapitre général de 1150 interdit toute décoration de manuscrits et permit une seule teinte pour les lettres initiales. La célèbre Bible d'Étienne Harding, à la bibliothèque de Dijon, fait exception, elle est illustrée de toutes sortes de lettres ornées et d'animaux. Mais elle fut exécutée avant l'arrivée de Bernard de Fontaine à Cîteaux. Quelques années plus tard, elle n'aurait certainement pas été ornée de la sorte.

Conclusion

Le moine ne se définit pas par le monastère où il vit, par l'habit qu'il porte, par la liturgie qu'il célèbre ou par le travail qu'il accomplit. Son identification se fait par rapport à Dieu uniquement, Dieu, c'est-à-dire l'Amour.

Mais la recherche de cet Amour exige un cadre qui lui permette de se découvrir et de s'exprimer totalement. Ce cadre c'est d'abord la Règle, c'est-à-dire la charte monastique, l'ensemble des lois qui régissent la vie du moine au quotidien. Cette Règle ne peut s'exercer que dans un autre cadre, le monastère, « complexe » architectural adapté, suivant un plan-type, aux exigences de la Règle et de la vie religieuse définie par cette règle.

Saint Benoît a été l'initiateur, « l'inventeur ». À lui revient le mérite d'avoir su adapter le mode de vie religieux en usage à son époque à une existence centrée sur Dieu, faite de mesure et de pondération. Il est vraiment le père des moines d'Occident.

Sa règle, au cours des siècles, s'est modifiée par l'évolution des mentalités et des modes de vie. Le mérite de Cîteaux a été de vouloir lui restituer sa pureté primitive en la débarrassant des scories qui l'encombraient. Le visionnaire de ce retour a été Robert de Molesme, mais comme tout visionnaire, il manquait peut-être de sens pratique.

Le relais fut pris par Étienne Harding, le grand abbé qui fut le véritable créateur de l'Ordre cistercien. Étienne, on ne le répétera jamais assez (et son rôle a été trop souvent occulté), eut le génie de concevoir une institution issue de la pensée de saint Benoît, répondant aux aspirations des jeunes qui voulaient consacrer totalement leur vie à Dieu. L'esprit de réforme monastique qui agitait le XIᵉ siècle (Cîteaux ne fut pas la seule création religieuse), trouva son aboutissement le plus parfait dans la fondation du « Nouveau Monastère », qui bientôt essaima dans toute l'Europe et qui allait devenir l'Ordre le plus puissant de l'Église.

Bernard de Clairvaux n'intervint que dans un second temps, comme le meilleur propagandiste de l'œuvre. Il contribua grandement à la faire connaître partout, il lui donna par ses écrits, par ses sermons, par sa renommée internationale une assise sûre et indestructible qui permit l'essor extraordinaire de l'Ordre. Cîteaux sans saint Bernard aurait-il été Cîteaux ? On peut en discuter. Si saint Bernard n'avait pas existé, d'autres personnalités se seraient certainement levées pour promouvoir l'Ordre fondé par Étienne Harding.

Les Cisterciens aménagèrent leur vie de façon à se faire humbles et pauvres. Cet esprit, ils le firent passer dans les monuments qu'ils construisirent. Ils voulaient le dépouillement total, et malgré cela, ce sont eux qui, paradoxalement, donnèrent à l'art chrétien la plus durable contribution. L'architecture cistercienne, dans ses églises, dans ses abbayes, dans ses granges est un exemple de force et de beauté pure qui a réellement créé un style, sinon un art. L'union de l'ascèse cistercienne et de l'éclat technique des maîtres d'ouvrage conduisit à une véritable révolution architecturale traduisant dans la pierre la doctrine de saint Benoît. En écrivant pour l'abbé de Fontenay son traité sur les *Degrés de l'humilité*, qui pose les bases de la spiritualité cistercienne, saint Bernard présente à l'avance ce que sont ses vues en architecture. Fontenay en est la traduction exacte dans la pierre.

La vie cistercienne, à l'époque de son plus grand éclat, est une vie simple et joyeuse, parfaitement équilibrée et harmonieuse. Tant qu'elle se maintint à ce niveau, l'Ordre resta en pleine prospérité spirituelle. Sa décadence ne vint pas du manque de vocations ou de la baisse de la ferveur religieuse.

Elle fut le résultat de l'enrichissement des monastères et, plus tard, de la mise en commende des charges abbatiales. Peu à peu, devant cette prospérité matérielle, l'esprit contemplatif céda et l'activité des moines, à l'origine tournée vers « l'unique nécessaire », Dieu, se trouva déviée vers des soucis moins élevés. Quand un Ordre cesse de produire des « fous de Dieu », il n'a plus son utilité.

Lexique

ABBAYE : Ensemble monastique où vivent en communauté des moines ou des moniales, soumis à une règle et dirigés par un supérieur, l'abbé ou l'abbesse.

ABBÉ (du latin *abbas*, père) : Supérieur élu d'une communauté de moines. L'abbé général est le supérieur général de l'Ordre.

ABBESSE : supérieure élue d'une communauté de moniales.

ANACHORÈTE (du grec *anachorein*, se retirer à l'écart) : Personne qui a choisi de vivre isolée, dans un lieu retiré. Les premiers anachorètes vivaient dans les déserts d'Égypte et de Palestine.

ANTIPAPE : Pape illégitimement élu.

BÉNÉDICTINS : Ordre religieux fondé par Benoît de Nursie (480-547), qui fut à l'origine de nombreux autres Ordres : Clunisiens, Cisterciens entre autres.

CANON (du grec *kanôn*, règle) : Règle concernant le dogme et la discipline de l'Église romaine. Le droit canonique est le droit de l'Église. Les heures canoniques sont les prières réglementaires dites à heures fixes de la journée.

CAPITULA : Articles édictés par l'autorité royale ou ecclésiastique, ayant une valeur législative ou disciplinaire.

CARDINAL (du latin *cardo* : gond) : Ecclésiastique, conseiller du pape, et son collaborateur dans le gouvernement de l'Église. Par décret, à partir du XIᵉ siècle, les cardinaux devinrent les électeurs du pape (1059). La dignité de cardinal est conférée par le pape seul. On divise les cardinaux en trois ordres : les cardinaux-évêques qui administrent les diocèses entourant Rome, les cardinaux-prêtres qui sont, en principe, les curés des principales paroisses de Rome et les cardinaux-diacres. Leur réunion forme le Sacré Collège.

CATHARES (du grec *katharos*, pur) : Groupe professant une doctrine hétérodoxe, dualiste, pour laquelle il y a deux principes, le Dieu du Bien, créateur du monde de l'esprit, et le Dieu du Mal, auteur du monde matériel. La doctrine cathare, originaire de l'Orient, se répandit au XIIᵉ siècle en Italie et en France, principalement dans le Languedoc. Saint Bernard et les Cisterciens furent les premiers prédicateurs chargés de combattre cette hérésie.

CELLERIER : Moine préposé dans une abbaye à la gestion des biens matériels et des produits alimentaires. Économe.

CÉNOBITE (du grec *koinos*, commun, et *bios*, vie) : Moine vivant en communauté dans un monastère, par opposition à anachorète.

CHAPITRE (du latin *capitulum*, article) :
1) Réunion quotidienne des moines au cours de laquelle on lit un article, un chapitre de la Règle.
2) Salle attenante au cloître, où se tient cette réunion.
3) Assemblée générale d'un ordre religieux (Chapitre général).

CHARTE (du latin *carta*, feuille, écrit) : Acte écrit dressé au Moyen Âge, qu'il soit de droit privé ou de droit public (par exemple, la Grande Charte d'Angleterre).

CHARTREUX : Moine de l'Ordre de la Chartreuse, fondé par saint Bruno en 1084. Les Chartreux sont des religieux vivant en ermites, qui ne se rassemblent que pour les offices.

CISTERCIEN : Moine de l'Ordre de Cîteaux, issu de la règle de saint Benoît. Fondé en 1098, ayant pris le nom du lieu où la première abbaye s'installa (Côte-d'Or actuelle).

CLERC : Homme d'Église, par opposition à laïc.

CLOÎTRE (du latin *claustrum*, fermé) : Partie du monastère formée de quatre galeries, ouvrant sur une cour ou un jardin, lieu de passage et de rencontre de toutes les parties de la maison.

CLÔTURE : Dans le langage religieux désigne le principe de la séparation d'avec l'extérieur. Un des éléments essentiels de la vie religieuse, la clôture est stricte pour certains ordres et elle ne peut être levée que par l'évêque ou par le pape.

CONGRÉGATION : Ensemble juridique de communautés religieuses soumises à une même règle, chacune d'entre elles pouvant être autonome.

COMMENDE : Attribution d'un bénéfice ecclésiastique, monastère en particulier, à un personnage, clerc ou laïc, qui n'y réside pas et qui ne l'administre pas directement, mais qui en perçoit les revenus.

CONVERS (du latin *conversus*, changé) : Religieux non prêtre qui est chargé des tâches matérielles de la communauté. Il est considéré comme moine, au même titre que les autres.

COULE : Ample manteau dont le moine se revêt à l'église pour les prières liturgiques. Il couvre tout le corps et porte une capuce que le moine peut rabattre sur la tête.

DÉAMBULATOIRE : Galerie permettant la libre circulation autour du chœur de l'église, sur laquelle s'ouvre des chapelles rayonnantes.

DÉCRÉTALE : Décision du pape sur une demande qui lui est faite. Elle est rendue sous forme de lettre qui sert de règle générale dans tous les cas semblables.

DOCTEUR DE L'ÉGLISE : Religieux qui s'est fait remarquer par sa vie de sainteté, et sa valeur intellectuelle, notamment dans tout ce qui concerne le dogme et la discipline. Saint Augustin, saint Thomas d'Aquin par exemple. Le titre peut être attribué à une femme (sainte Thérèse d'Avila, sainte Catherine de Sienne, sainte Thérèse de l'Enfant-Jésus).

GOTHIQUE OU ART GOTHIQUE : nom donné à l'art du Moyen Âge qui succède au roman, au cours du XIIᵉ siècle. On l'appelle aussi art français, car il est originaire d'Ile-de-France, ou art ogival, en raison d'un de ses traits architecturaux essentiels, qui est la voûte sur croisée d'ogives.

GRANGE (du latin *granum*, grain) : Exploitation rurale dépendant d'un monastère, mise en valeur par les frères convers. Par restriction le bâtiment lui-même.

HÉRÉSIE (du grec *aireo*, je choisis) : Doctrine religieuse contraire aux enseignements officiels de l'Église catholique.

HEURES CANONIALES : Prières monastiques récitées ou chantées à certaines heures de la journée et réglementées par les canons. L'office quotidien des Cisterciens comprend matines, laudes, prime, tierce, sexte, none, vêpres et complies.

HÔTELLERIE : Bâtiment du monastère destiné à recevoir les hôtes de passage, elle est dirigée par le père hôtelier.

INVESTITURE : Acte faisant suite à l'hommage et par lequel le seigneur remet à son nouveau vassal un fief symbolisant le fief concédé.

La Querelle des investitures naquit du fait que l'empereur donnait aux évêques, qui étaient en même temps des seigneurs temporels, la crosse et l'anneau, insignes de leur autorité spirituelle, les établissant ainsi sur le plan spirituel autant que sur le plan temporel. La Querelle des investitures opposa violemment le pape Grégoire VII et l'empereur Henri IV, qui fut obligé de faire amende honorable en s'humiliant à Canossa (1077). Elle ne prit fin qu'en 1122 par le concordat de Worms, qui ôtait à l'empereur l'investiture par l'anneau et la crosse, réservée au pape, ne lui laissant que l'investiture des biens temporels en faveur d'un évêque régulièrement nommé par le pape.

JUBÉ (du latin *jubere*, ordonner) : Dans l'église, monument séparant le chœur de la nef, surmonté d'une galerie et formant un pont entre les deux murs latéraux de la nef. C'est du jube que le moine lit les textes sacrés après en avoir demandé la permission au père abbé.

LECTIO DIVINA : Lecture et méditation des Écritures Saintes, Ancien Testament, Évangiles, écrits des Pères de l'Église.

MAISON MÈRE : Abbaye qui a fondé un monastère sur lequel elle exerce un droit de regard par l'intermédiaire du père abbé, fondateur, appelé père immédiat. Le monastère fondé prend le nom d'abbaye fille.

MOINE, MONASTÈRE, MONACHISME : Termes désignant le religieux qui vit dans une communauté, soumis à une règle, l'établissement dans lequel il vit, l'ensemble des règlements et coutumes concernant les moines.

NEF : Partie centrale d'une église, elle peut être unique ou flanquée de collatéraux.

OBLAT : Laïc consacré enfant à un ordre monastique.

OBSERVANCE : Pratique de la règle religieuse. Par extension partie d'un ordre religieux qui entend revenir au respect de la règle primitive en réaction contre certains relâchements ou certains abus. L'Ordre cistercien est une observance de la règle de saint Benoît. Les Cisterciens eux-mêmes se partagent entre Ordre cistercien de la stricte observance et Ordre cistercien de la commune observance.

OCULUS : Petite baie à tracé circulaire.

ORDRE :

1) Sacrement religieux qui confère le pouvoir d'administrer les autres sacrements et de remplir des fonctions ecclésiastiques. Les quatre

ordres majeurs sont le sous-diaconat, le diaconat, le sacerdoce et l'épiscopat.

2) Ordre religieux : ensemble de personnes liées par des vœux et soumises à une même règle.

3) Au Moyen Âge, corps social constitué de ceux qui prient (*orantes*), de ceux qui combattent (*bellatores*) et de ceux qui travaillent (*laboratores*).

PÈRES :

1) De l'Église : écrivains chrétiens des premiers siècles, réputés pour leur orthodoxie et la sainteté de leur vie, reconnus comme tels par l'autorité de l'Église.

2) D'un Concile : évêques qui y prennent part.

3) D'une abbaye : titre d'un moine (père Jean ou père Paul) donné également à l'abbé du monastère (père abbé).

PRIEUR :

1) Le second dans la hiérarchie religieuse d'une abbaye, il aide et supplée l'abbé.

2) Le supérieur d'un monastère appelé prieuré, en général formé d'une petite communauté, non érigée en abbaye.

L'ordre de Cluny ne comprenait qu'une abbaye, Cluny, qui avait sous sa juridiction des prieurés.

PROFÈS, PROFESSE : Le moine ou la moniale qui fait profession dans un monastère, c'est-à-dire s'engage par des vœux religieux. Il y a deux types de profession : la profession simple ou temporaire, celle du moine qui a terminé son noviciat et s'engage temporairement pour trois ans ; la profession solennelle ou définitive qui lie le religieux à son ordre jusqu'à la mort.

RÈGLE : Ensemble de principes et de préceptes réglementant la vie du religieux d'un ordre donné. Il y a eu plusieurs règles monastiques, celle de saint Pacôme, celle de saint Colomban, celle de saint Benoît la plus connue et la plus répandue en Occident. C'est elle qui régit les Cisterciens. Les ressortissants d'une règle sont des clercs réguliers, par opposition aux clercs séculiers (clergé des villes et des villages), qui vivent dans le siècle.

ROMAN, ou ART ROMAN : L'ensemble de la production artistique et architecturale en Occident de la fin du Xe siècle au XIIe siècle. Caractérisé par l'arc en plein cintre et la voûte en berceau. Il fit place au gothique.

ROSACE ou ROSE :

1) Ornement architectural circulaire, composé d'un centre à partir duquel rayonnent des feuilles.

2) Grande ouverture circulaire en vitraux destinée à éclairer la nef.

SCHISME : Du grec *schisma*, division. Division de l'Église catholique avec refus de l'autorité spirituelle du pape. Les principaux schismes au Moyen Âge sont : le schisme grec ou de l'Église d'Orient (1054), le grand schisme d'Occident (1378-1417).

SCRIPTORIUM : Salle des bâtiments conventuels où les moines se réunissent pour travailler, lire, écrire et étudier.

SÉCULIER : Se dit du clerc qui vit dans le monde, n'ayant pas fait vœu de religion.

TEMPLE : Ordre religieux militaire fondé en 1119 par un chevalier champenois, Hugues de Payns, établi à Jérusalem sur l'emplacement de l'ancien Temple de Salomon, d'où son nom. Saint Bernard lui donna ses constitutions. L'Ordre du Temple disparut en 1311, supprimé par Philippe le Bel, appuyé par le pape Clément V.

TRANSEPT : Nef transversale coupant le vaisseau principal et donnant à l'église une forme de croix.

TRAPPE : Abbaye cistercienne située sur la commune de Soligny-la-Trappe, dans l'Orne. Rendue célèbre par un de ses abbés, Rancé, réformateur de l'Ordre cistercien. Le terme de Trappiste est devenu un nom commun, synonyme de Cistercien, et plus communément employé que celui-ci.

VŒU : Engagement solonnel devant Dieu, par lequel le moine fait profession dans un monastère. La règle de saint Benoît oblige à trois vœux : conversion de vie, incluant pauvreté et célibat, stabilité et obéissance.

VOÛTE : Construction couvrant un espace vide entre deux murs parallèles. On distingue en architecture la voûte romane en berceau, et la voûte gothique sur croisée d'ogives.

Les grandes lignes de la chronologie de l'Ordre de Cîteaux

d'après *Abrégé chronologique de l'histoire de Cîteaux*
(Frère Marcel Lebeau - Abbaye de Cîteaux)

Les débuts

1029 Naissance de Robert, futur abbé de Molesme.

1068 Robert devient abbé de Saint-Michel de Tonnerre.

1073 ou 1074 Robert fonde l'abbaye de Molesme, entre Laignes et Les Riceys.

1090 Robert quitte Molesme pour se retirer chez les ermites d'Aux.

1094 Retour de Robert à Molesme.

1098 Robert quitte Molesme avec quelques compagnons. Ils s'établissent dans la forêt de Cîteaux (autour du 20 mars), au lieu-dit de la Forgerie.

1099 Dédicace de la première église de la nouvelle fondation.

1099 (juin) Retour de Robert à Molesme. Albéric (ou Aubry) devient abbé du « Nouveau Monastère» de Cîteaux.

1100 Bulle *Desiderium quod*, du pape Pascal II, plaçant le Nouveau Monastère sous la protection directe du Saint-Siège.

1109 Mort d'Albéric ; Élection d'Étienne Hardong, troisième abbé du Nouveau Monastère.

Bernard de Fontaine

1090 ou 1091 Naissance de Bernard de Fontaine.

1112 Arrivée de Bernard à Cîteaux avec trente de ses compagnons.

1113 Profession de Bernard entre les mains d'Étienne Harding.

1113 Fondation de l'abbaye de La Ferté-sur-Grosne.

1114 Fondation de l'abbaye de Pontigny.

1115 Fondation de l'abbaye de Clairvaux par Bernard de Fontaine, qui en devient l'abbé.

1116 Étienne Harding avec les quatre abbés des premières abbayes filles rédige la Charte de charité.

1119 Premier Chapitre général à Cîteaux (12 abbés).

1119 Le pape Calixte II confirme la Charte de charité que lui présente Étienne Harding.

<u>Cîteaux</u>

1120 Le Nouveau Monastère s'appelle dorénavant Cîteaux.

1125 Bernard de Clairvaux rédige son *Apologie à Guillaume de Saint-Thierry*, qui marque le début de la lutte contre Cluny.

1126 Le roi de France Louis VI assiste au Chapitre général et demande à être associé à l'Ordre sur le plan spirituel.

1128 Concile de Troyes, auquel assistent l'abbé de Cîteaux et l'abbé de Clairvaux. Ce dernier rédige la règle de l'Ordre du Temple.

1131 Visite du pape Innocent II à Cîteaux. Par la bulle *Ceterum quam*, il réserve l'élection de l'abbé de Cîteaux aux seuls religieux de l'abbaye.

1134 Mort d'Étienne Harding.
Élection de l'abbé Raynard. Rédaction de la seconde Charte de charité.

1140 Consécration de la basilique de Cîteaux.

1147 Le pape Eugène III, ancien Cistercien et élève de Bernard de Clairvaux, préside le Chapitre général de Cîteaux auquel assistent plus de deux cents abbés.

1153 Mort de Bernard de Clairvaux, qui sera canonisé en 1174.

1156 Approbation de la Charte de charité par le pape Adrien IV.

1169 Le pape Alexandre III confirme la Charte de charité.

1192 Mort du duc de Bourgogne Hugues III en Terre Sainte. Son corps est ramené à Cîteaux, où il est inhumé. Cîteaux sera le lieu de sépulture de plusieurs ducs de Bourgogne et de leurs familles.

1202 Le nouvel abbé de Cîteaux est Arnaud-Amaury, ancien abbé de Poblet, en Espagne, et de Grandselve. Il deviendra légat pontifical au moment de la croisade contre les Albigeois.

1209 Le pape Innoncent III lance la croisade contre les Albigeois.
Le duc de Bourgogne Eudes III en prend le commandement et passe par Cîteaux avant d'envahir le Midi.

1212 L'abbé de Cîteaux, Arnaud-Amaury, est nommé archevêque de Narbonne par le pape Innocent III. Il entre en conflit avec le chef de la croisade, Simon de Montfort.
      Arnaud-Amaury meurt en 1225, il est remplacé par un nouvel abbé, Arnaud II.

1217 Début de la décadence de l'Ordre.
      L'abbé Conrad commence une tentative de réforme.

1217 Canonisation de Robert de Molesme par le pape Honorius III.

1244 Visite du roi Louis IX (Saint Louis) à Cîteaux, en compagnie de sa femme, Marguerite de Provence, de sa mère Blanche de Castille, et de ses frères.

1300 Cîteaux compte cinq cents moines.

1416 Le premier rang, dans les conciles et les réunions ecclésiastiques est accordé à l'abbé de Cîteaux, avant tous les généraux d'Ordre.

1463 Les États de Bourgogne envoient l'abbé de Cîteaux à la tête d'une délégation pour négocier la réconciliation de Charles, comte de Charolais, avec son père, Philippe le Bon, duc de Bourgogne.
      Le Chapitre général ordonne par décret que le *Salve Regina* serait chanté chaque soir, après complies.

1475 L'abbé de Cîteaux, Humbert Martin de Losne, est le premier de tous les prélats présents à l'entrée solennelle de Charles le Téméraire à Dijon.

1477 Mort de Charles le Téméraire. L'abbé de Cîteaux se rallie à Louis XI. Il devient « Premier conseiller né du parlement de Bourgogne ».

1489 Par une bulle, le pape Innocent IV donne à l'abbé de Cîteaux les privilèges de pouvoir conférer les ordres mineurs, le diaconat et le sous-diaconat aux religieux de l'Ordre, et donner la bénédiction abbatiale à tous les abbés et abbesses de l'Ordre.

1521 Visite de François Ier et de sa mère, Louise de Savoie à Cîteaux.

1551 L'abbé dom Jean Loisier fait construire le château de Clos de Vougeot, destiné à être la résidence de plaisance des abbés de Cîteaux.

1574 Les Huguenots, commandés par le prince de Condé, pillent Cîteaux. L'abbé doit payer une rançon de 3 000 écus d'or.

1589 Cîteaux est à nouveau pillé par les Huguenots du comte de Tavannes. À la suite des guerres de religion, l'abbaye doit être reconstruite.

1606 Début de la « guerre des observances ». Dom Octave Arnolphini commence la réforme de l'étroite observance.

La guerre des observances s'étend sur tout le XVIIᵉ siècle, marquée par l'élection du cardinal de Richelieu comme abbé de Cîteaux en 1635.

1664 L'abbé de Rancé, abbé de La Trappe, dans le Perche, commence sa propre réforme.

1666 Le pape Alexandre VII promulgue la bulle *In suprema*, destinée à rétablir la paix dans l'ordre, mais elle ne favorise pas les réformés. Dom Vaussin, abbé de Cîteaux, fait exécuter de grands travaux dans l'abbaye pour l'ouverture du Chapitre général. Le Chapitre général, présidé par dom Vaussin et rassemblant quarante abbés et cent cinquante prieurs, est tenu dans un climat de faste inouï. Rancé, présent, défend les droits des réformés.

1670 L'abbé de Cîteaux, dom Jean Vaussin, meurt à l'âge de 80 ans. Il avait vécu plus en grand seigneur qu'en supérieur d'Ordre. Il avait surtout lutté contre la réforme de l'étroite observance.

1683 Visite à Cîteaux de Louis XIV et de la reine Marie-Thérèse.

1700 Mort de Rancé à La Trappe.

1748 Élection du dernier abbé de Cîteaux d'Ancien Régime, dom Trouvé. La communauté compte cinquante et un religieux, dont quarante profès et onze convers.

1785 Dernier Chapitre général tenu à Cîteaux avant la Révolution.

1789 L'abbé de Cîteaux, dom Trouvé, siège dans les rangs du clergé aux États-Généraux.

1790 Application à Cîteaux du décret de l'Assemblée constituante mettant les biens ecclésiastiques à la disposition de la Nation. Des troubles éclatent à Cîteaux, les moines manifestent contre l'abbé et lui demandent de rendre des comptes.

1791 À la suite du vote de la Constitution civile du clergé, les religieux qui désirent quitter l'abbaye recevront une pension fixée à 600 livres. Tous les moines quittent l'abbaye vers le 10 mai.

Le domaine de Cîteaux est acquis par un groupe d'habitants de Dijon pour la somme de 862 000 livres. Les propriétaires commencent la démolition des bâtiments, mais vite ils sont déclarés en faillite. La propriété est revendue à M. Damance, puis elle passe à M. de Boulongne.

1797 Mort du dernier abbé de Cîteaux, dom Trouvé, chez son neveu, à Vosne-Romanée, où il s'était retiré.

1797 Par décision du conseil municipal, le site de Cîteaux prend le nom de Maison des Moulins.

1810 Le nom de Cîteaux est rétabli.

1832 Mme de Chauvelin devient propriétaire de Cîteaux.

1841 Cîteaux est vendu à Arthur Young, qui le revend en 1846 au père Rey. Celui-ci y installe une colonie pénitentiaire.

1860 Construction de la nouvelle église de Cîteaux, qui est celle de l'abbaye actuelle.

1873 Mort du père Rey.

1898 La baronne de Rochetaillé achète le domaine de Cîteaux pour y réinstaller les Cisterciens. Les moines reprennent possession de l'abbaye après cent huit ans d'absence.

1899 Cîteaux devient l'abbaye titulaire de l'abbé général, dom Sébastien Wyart. L'abbaye de Cîteaux est chef d'Ordre. 64 religieux peuplent le monastère.

1903 Grâce à dom Chautard, abbé de Cîteaux, qui a su convaincre Clemenceau, l'Ordre des Cisterciens n'est pratiquement pas touché par les expulsions de religieux. Cîteaux n'est pas inquiété.

1914 Un hôpital de 1 000 lits occupe l'abbaye.

1940 Cîteaux est occupé par les Allemands.

1953 Une partie des terres vendues en 1915 est rachetée. La superficie de Cîteaux est de 240 ha.
L'abbé général est abbé titulaire de Cîteaux, il réside à Rome et il est représenté à l'abbaye par un abbé auxiliaire. L'abbaye de Cîteaux est redevenue chef d'Ordre.

1963 Le Saint-Siège modifie le statut de Cîteaux. La communauté élira son abbé, qui portera le titre d'abbé de Cîteaux. L'abbé général, à Rome, aura le titre d'archi-abbé de Cîteaux.

1970 Consécration de l'église de Cîteaux, profondément restaurée par l'évêque de Dijon assisté de dom Ignace Gillet, abbé général de l'Ordre de Cîteaux de la stricte observance (réformés) et de dom Sighard Kleiner, abbé général du Saint Ordre de Cîteaux (mitigés).

Emploi du temps
d'un moine cistercien

(d'après Robert Aussibal, *L'abbaye de Silvanès*)

	Hiver	Été
Lever	3 h	2 h
Office de nuit :	3 h 15	2 h 15
Vigiles, Laudes		
Prime	6 h	5 h
Chapitre		
Lectio divina		
Travail		
Tierce	9 h	9 h
Grand-messe		9 h
Travail		
Sexte	12 h	12 h
Dîner		
Lectio divina		
None	14 h	14 h
Travail		
Fin du travail	15 h 30	16 h 30
Vêpres	16 h 30	18 h
Souper	18 h	19 h
Complies	18 h 45	19 h 45
Salve Regina		
Coucher	19 h 15	20 h 15

Abbayes de l'Ordre de Cîteaux
de la stricte observance en France

Hommes

Acey - *Jura*

Aiguebelle - *Drôme*

Bellefontaine - *Maine-et-Loire*

Briquebec - *Manche*

Cîteaux - *Côte-d'Or*

Dombes (Notre-Dame des) - *Ain*

Melleray - *Loire-Atlantique*

Mont-des-Cats - *Nord*

Neiges (Notre-Dame des) -
   Ardèche

Œlenberg - *Haut-Rhin*

Port-de-Salut - *Mayenne*

Sainte-Marie-du-Désert - *Haute-
   Garonne*

Sept-Fonds - *Allier*

Tamié - *Savoie*

Timadeuc - *Morbihan*

Tappe (La) - *Orne*

Femmes

Albronn - *Bas-Rhin*

Belval - *Pas-de-Calais*

Bonneval - *Aveyron*

Chambarand - *Isère*

Echourgnac - *Dordogne*

Gardes (Notre-Dame des) - *Maine-
   et-Loire*

Grâce-Dieu (La) - *Doubs*

Igny - *Marne*

Joie-Notre-Dame (La) - *Morbihan*

Laval - *Mayenne*

Maubec - *Drôme*

Paix-Dieu (La) - *Gard*

Rivet (Le) - *Gironde*

Ubexy - *Vosges*

Abbayes de l'Ordre de Cîteaux
de la commune observance en France
(Congrégation de l'Immaculée-Conception)

———————————————

Lérins - *Alpes-Maritimes*
Sénanque - *Vaucluse*
Castagniers - *Alpes-Maritimes*

Les principales abbayes cisterciennes
de France

Plan cavalier de l'abbaye
Notre-Dame de Cîteaux (fin XVIIᵉ)

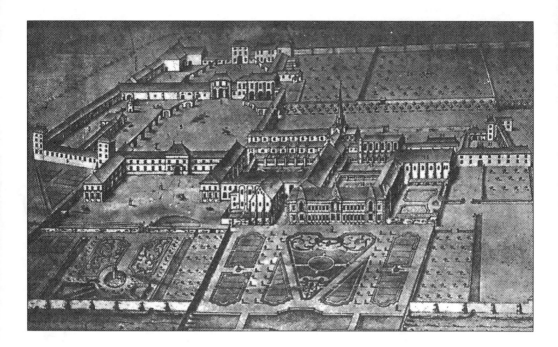

LÉGENDE EXPLICATIVE : N° 1. Entrée par la route de Dijon. - 2. Deuxième entrée. - 3. Chapelle pour la réception des hôtes. - 4. Portique pour communiquer à la Grande Basilique. - 5. Cours, écuries, moulin. - 6. Basilique consacrée en 1193 (longueur 130 mètres). - 7. Grand cloître. - 8. Dortoir des moines et chapitre au-dessous. - 9. Réfectoire des Moines (longueur 40 mètres). - 10. Cuisine. - 11. Dortoir des convers et réfectoire au-dessous. - 12. Entrée de l'église pour les convers. - 13. Hôtellerie. - 14. Abbatiale et définitoire construits par Jean Petit, 1683 (longueur 80 mètres). 15. Petit cloître et scriptorium autour. - 16. Grande salle des morts (longueur 52 mètres). - 17. Bibliothèque. - 18-19. Cloître et bâtiments du Noviciat. - 20. Chapelle Saint-Edme et cloître antique, vestiges du Cîteaux primitif. - 21. Infirmerie. - 22. Cimetière.

Plan d'une abbaye cistercienne

(Le Thoronet) Var

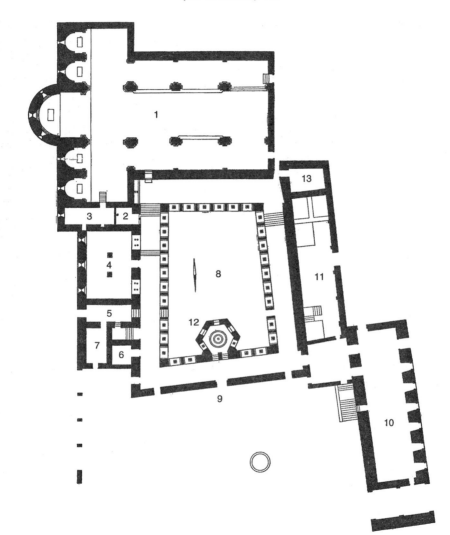

1. Église
2. Armarium (où sont conservés les livres)
3. Sacristie
4. Salle capitulaire
5. Couloir conduisant au cimetière
6. Parloir
7. Salle des moines, chauffoir
8. Jardin du cloître
9. Réfectoire
10. Logis des convers
11. Cellier
12. Lavabo (fontaine)
13. Passage d'entrée des convers

Que ceci soit la fin du livre,
mais non pas la fin de la recherche

SAINT BERNARD

Indications bibliographiques

Ouvrages à consulter :

Albert Béguin et Paul Zumthor
Saint Bernard de Clairvaux. Textes choisis - Egloff, Fribourg, Suisse, 1944.

François Cali
La plus grande aventure du monde - Arthaud, 1956.

Joseph Calmette et Henri David
Saint Bernard - Arthème Fayard, 1953.

François-René de Chateaubriand
Vie de Rancé - Garnier-Flammarion, 1969.

Daniel-Rops
Saint Bernard et ses fils - Mame, 1962.

Gilles Desmons
Mystères et beauté des abbayes cisterciennes - Privat, 1996.

Anselme Dimier
Les moines bâtisseurs - Fayard, 1964.

Dom Marie-Gérard Dubois
Le bonheur en Dieu. Souvenirs et réflexions du père abbé de La Trappe - Robert Laffont, 1995.

Georges Duby
Saint Bernard, l'art cistercien - AMG, 1976.

Jean Gautier
Vie et mort des Trappistes - La Colombe, 1956.

Dom Jean Leclercq
Saint Bernard et l'esprit cistercien - Le Seuil, Maîtres spirituels, 1966.

L.J. Lekai
Les moines blancs - Le Seuil, 1957.
L'Esprit de Cîteaux - Zodiaque, 1978.

Thomas Merton
Aux sources du silence - Desclée de Brouwer, 1952.
Quelles sont ces plaies ? - Desclée de Brouwer, 1953.

Marcel Pacaut
Les moines blancs. Histoire de l'ordre de Cîteaux - Fayard, 1993.

Fernand Pouillon
Les Pierres sauvages - Le Seuil, 1964.

Léon Pressouyre
Le rêve cistercien - Découvertes, Gallimard.

Robert Serrou et Pierre Vals
La Trappe - Pierre Horay, 1956.

Stephen Tobin
Les Cisterciens. Moines et monastères d'Europe - Cerf, 1995.

Henri Bernard de Warren
Bernard et les premiers cisterciens face aux problèmes de l'art - Commission d'histoire de l'ordre de Cîteaux - Alsatia, 1953.

Dans la même collection

Guy MATHELIÉ-GUINLET, *les Cathares*

Jack CHABOUD, *les Francs-Maçons*

Michel LAMY, *les Templiers*

Guy Mathelié-Guinlet, *Rennes-le-Château - Le mystérieux trésor de l'abbé Saunière*

CET OUVRAGE
A ÉTÉ REPRODUIT
ET ACHEVÉ D'IMPRIMER
SUR ROTO-PAGE
PAR L'IMPRIMERIE FLOCH À MAYENNE
LE 12 MARS 1998
SUIVI DE FABRICATION
ATELIERS GRAPHIQUES DE L'ARDOISIÈRE

DÉPÔT LÉGAL : MARS 1998
N° D'ÉD. 68 - N° D'IMP. 43332
IMPRIMÉ EN FRANCE